창세기

Genesis

ESP

ESF

기독대학인회(ESF: Evangelical Student Fellowship)는
사도행전 1장 8절에서 선포되고 있는 예수님의 지상명령에 근거하여
캠퍼스복음화를 통한 성서나라, 세계선교를 구호목표로 삼고 있는
초교파적 신교단체입니다.

ESP

ESP(Evangelical Student Fellowship Press)는
기독대학인회(ESF)의 출판부입니다.
ESP는 다음과 같은 마음을 품고 기도하면서 일하고 있습니다.
첫째, 하나님의 말씀인 성경을 사랑합니다.
둘째, 청년 대학생을 이 시대의 희망입니다.
셋째, 문서사역을 통하여 성실히 세계를 섬겨나갑니다.
넷째, 문서사역을 통하여 총체적 선교에 도움을 주고자 합니다.

ESP 성경공부 시리즈
창세기

2012년 2월 24일 초판 1쇄 발행
2019년 9월 5일 초판 3쇄 발행
2022년 9월 2일 개정판 1쇄 발행

지은이 ESF 교재편찬위원회
만든이 정사철
내지 디자인 서다운
표지 디자인 장윤주

(사)기독대학인회 출판부 (ESP)
서울특별시 도봉구 도봉로116길 41-4, 201호
T 02) 989-3477 | F 02) 989-3385 | E esfpress@hanmail.net
등록 제 12-316호

ISBN

ESP 성경공부 시리즈

창세기

목차

목차

ESP 성경공부
문제집 활용법

급변하는 시대 속에서도 변하지 않는 진리가 있으니 그것은 성경입니다. "성경으로 돌아가자"는 구호는 옛 종교개혁 시대에만 외치는 소리가 아닙니다. 오늘날 최첨단 과학 문명 시대를 살아가는 사람들에게도 들려져야 할 외침입니다. 이 시대는 점점 보는 것에 만족하고, 생각하기를 싫어하는 양상을 보이고 있습니다. 특히, 성경을 읽는 것보다는 감성적인 것에 치우친 경향을 보이고 있습니다. 성경을 깊이 연구하지 못하고 얕은 수준에서만 멈춘다면 우리는 하나님의 깊이 있는 말씀의 뜻을 발견하지 못할 것이며, 하나님과 풍성한 교제를 나누는 삶을 살지 못할 것입니다.

이런 시대의 흐름 속에서도 ESF 성경 공부 시리즈는 성경 공부의 좋은 전통을 지키고자 노력하고 있습니다. 지난 40여 년 동안 수많은 청년 대학생, 지성인들이 성경 공부의 매력을 경험하였고, 예수 그리스도의 복음을 영접하며 구원을 얻었습니다. 교회에서, 동아리방에서, 대학 강의실에서, 좁은 자취방에서 성경 공부하는 모습은 민족의 미래를 밝혀주는 햇불이 되었습니다.

'ESP 성경공부 시리즈'는 다섯 가지 특징이 있습니다.
첫째, 즐거운 대화식 공부입니다. 아무리 초보자라도 참여하여 배울 수 있습니다.
둘째, 체계적인 공부입니다. 성경을 종합적이고 체계적으로 공부하는 것은 매우 중요합니다.
셋째, 믿음과 삶의 구체적인 적용을 돕는 공부입니다.
넷째, 성경을 배우면서 리더로 양성됩니다. 성경을 배운 뒤에는 리더가 되어 다른 사람을 가르치는 데 어려움이 없습니다.

본 문제집은 말씀의 자리, 삶의 자리, 삶의 자리+, 밀씀의 자리+ 로 구성되어 있습니다.
말씀의 자리 는 본문 살피기와 생각하기 문제로 구성되어 있습니다. 성경본문을 깊이 있게 관찰하며 해석하는 자리입니다.
삶의 자리 는 말씀의 자리를 토대로 우리의 삶에 구체적으로 적용하는 문제로 구성되어 있습니다. 본문에서 파악하고 느낀 말씀의 은혜와 원리들을 각자 삶의 자리에 적용하는 자리입니다.
삶의 자리+ 는 삶의 자리에서 느끼고 깨달은 바 중에서 구체적으로 실천할 수 있는 한 가지를 제시합니다.
말씀의 자리+ 는 본문 말씀의 중요한 핵심 내용이나 본문 배경 등을 요약하여 설명하는 자리입니다.

계속하여 한국교회와 청년 대학생들 가운데 성경 공부가 활발하게 일어나서 하나님 앞에서 바른 가치관을 세우고, 복된 인생 되기를 기도합니다.

기독대학인회(ESF) 문서출판위원회

성경해석
방법

1 성경 해석은 성경으로 해야 합니다.

　성경의 가장 정확한 해석은 성경 자체입니다. 구약과 신약을 서로 연결해서 공부할 때 바르게 이해할 수 있습니다. 뜻이 희미한 말씀은 밝은 말씀에 비추어 해석해야 합니다. 상징, 비유, 애매한 부분은 병행 구절의 밝은 부분에서 그 뜻을 찾아서 합니다.

2 성경 전체를 바라보는 눈으로 종합적으로 해석해야 합니다.

　전체를 바라보지 못하고 한 부분에만 집착할 때 오류를 범하게 됩니다. 그러므로 성경의 핵심을 파악하고 전체적으로 바라보며 해석해야 합니다. 성경 전체의 핵심은 하나님의 아들 예수 그리스도를 통한 인류 구속입니다. 그러므로 성경에 나오는 사건들이 그리스도와 인류 구원에 어떻게 연결되는지 살펴보면서 해석해야 합니다.

3 그 당시 시대 배경을 이해해야 합니다.

　성경은 그 당시 사람들에 의해 기록되었으므로 당대의 지리, 역사, 풍습, 생활 습관, 주변 상황 등을 파악하고 해석해야 합니다.

성경은 사람의 언어로 기록되었으므로 어휘와 문법의 이해가 중요하고 반드시 문맥의 흐름 속에서 해석해야 합니다. 따라서 일차적으로는 문자적인 해석을 한 다음 영적인 뜻을 찾아야 합니다.

하나님께서 성경 저자의 성격, 교육받은 정도, 개성 등을 유기적으로 쓰셔서 성경을 기록하도록 하였으므로 저자가 어떤 의도로 무슨 주제를 전개하는지 살펴보고, 특별한 관점과 강조점이 무엇인지 알아야 합니다.

성경은 비록 과거에 쓰였지만, 하나님은 그 기록된 말씀을 통해 각 시대 모든 사람에게 말씀하고 계시므로 성경에 기록된 메시지가 당대 독자들에게 어떻게 들려졌는지를 살피면서 지금 나에게 어떻게 적용되는지를 살펴야 합니다. 지금 나에게 하시는 말씀을 성령의 도우심으로 듣게 될 때 말할 수 없는 큰 은혜를 체험하게 됩니다.

Orientation
창세기 여행 준비하기

시작하는 이야기

　여행은 항상 설렘과 두려움을 동반합니다. 특히 미지의 세계에 대한 여행은 두려움으로 인해 시작을 미루거나 포기하는 경우가 많습니다. 하지만 우리 속담처럼 시작만 잘하면 이미 절반은 성취된 것과 같습니다. 여행을 시작하기 전에 준비가 필요하듯이 창세기 본문을 공부하기에 앞서 전체적인 틀을 짚어보고자 합니다. 훌륭한 안내자와 함께 지도를 살피며 일정을 잡는 것이 즐거운 일인 것처럼, 말씀 인도자(목자)와 함께 창세기를 잘 살펴보며 말씀 공부를 시작하시기 바랍니다. 자, 이제 창세기 여행을 시작해 볼까요?

말씀의 자리

1 창세기 공부를 시작하기 전에, 먼저 '창세기'하면 어떤 이미지가 떠오르나요?

2 왜 '창세기(創世記)'라는 이름이 붙여졌을까요?

성경은 66권의 책(구약 39권, 신약 27권)으로 이루어져 있으며, 창세기는 그 중 첫 번째 책입니다. '창세기'라는 우리말 성경의 제목은 헬라어 '게네시스'라는 말에서 파생한 '제네시스(Genesis)'를 번역한 것입니다. 이 헬라어에는 '기원, 근원, 원천, 생성' 등의 의미가 있습니다. 창세기의 히브리 성경 제목은 '베레쉬 트('처음에'라는 뜻)'인데 이것은 창세기의 맨 처음에 나오는 단어입니다.

3 창세기의 저자는 누구일까요?

창세기는 모세에 의하여 기록되었음을 성경은 밝히고 있습니다(눅 24:27). 또한 예수님께서도 모세의 저작 사실을 인정하셨습니다(눅 24:44). 모든 성경 이 하나님의 영의 인도하심에 따라 기록된 것처럼, 창세기도 하나님의 감동하 심을 따라(딤후 3:16) 모세가 기록한 것입니다.

모세는 오경(창세기, 출애굽기, 레위기, 민수기, 신명기)의 저자이며, B.C. 15 세기 사람으로, 이집트에서 식민지 생활을 하던 이스라엘을 하나님이 약속하 신 땅 가나안으로 인도한 하나님의 사람입니다.

모세오경은 인류 역사의 시작과 함께 하나님의 택한 백성 이스라엘을 이집트 에서 이끌어내어 가나안까지 인도하는 모든 과정과 이스라엘에게 주신 율법 과 언약, 그리고 예배를 통해 구원의 메시아를 계시하신 하나님의 구속 사역 에 대한 기록입니다.

4 창세기는 크게 두 부분으로 나눌 수 있습니다. 제목을 붙여보면 다음과
  같습니다.

   1-11장 창조와 인류 타락에 관한 역사
   12-50장 이스라엘 민족의 족장에 관한 역사

5 두 부분에 대한 내용구분은 다음과 같습니다.

   I. 창조와 인류 타락에 관한 역사 (1-11장)
     1. 천지창조 (1:1-2:25)
     2. 타락 (3:1-5:32)
     3. 노아의 방주와 홍수 심판 (6:1-10:32)
     4. 바벨탑 (11:1-32)

   II. 이스라엘 민족의 족장에 관한 역사 (12-50장)
     1. 아브라함의 하나님 (12:1-25:18)
     2. 이삭의 하나님 (25:19-28:5)
     3. 야곱의 하나님 (28:6-37:1)
     4. 요셉의 하나님 (37:2-50:26)

6 창세기를 공부하는 목적은 무엇입니까?

1) 하나님이 누구신지 알 수 있습니다.

기독교에 대해 알고자 한다면 제일 먼저 하나님이 누구신가를 알아야 합니다. 하나님은 천지를 창조하신 전능한 하나님입니다. 또한 인간을 창조하신 인격적인 하나님입니다. 이 하나님은 살아계시며 영원토록 동일하신 하나님입니다. 창세기 공부를 통해 하나님에 대한 궁금증을 해결할 수 있습니다.

2) 나의 존재 의미와 목적을 알 수 있습니다.

창세기를 공부할 때 실존적인 입장에서 공부해야 합니다. '나는 어떤 존재인가? 왜 사는가? 어떻게 사는 것이 잘 사는 것인가?'라는 문제가 해결되지 않으면 의미 있는 인생을 살 수 없습니다. 창세기 공부를 통해 인생의 의미와 목적을 알 수 있습니다.

3) 하나님의 구속 역사에 쓰임 받을 수 있습니다.

창세기를 통해서 나를 개인적으로 만나주시는 인격적인 하나님을 만날 수 있습니다. 또한 역사의 흐름을 주관하시고 개입하시는 하나님을 만날 수 있습니다. 개인적으로 만나주시는 하나님은 역사의 흐름에 우리를 쓰시고자 하는 계획을 갖고 계십니다. 창세기 공부를 통해 개인이 역사의 주역으로 쓰임 받는 것을 보게 되는 놀라운 경험을 하게 될 것입니다.

 삶의 자리

1 창세기 여행을 시작하려 하니 어떤 기대감이 생깁니까?

2 창세기 공부가 당신의 삶에 어떤 의미가 있을까요?

삶의 자리 ✚ ──────────────────
다음 시간에 공부할 과에 창세기 본문 읽고 답을 달아 오기
(참조 말씀을 요약하면 됩니다.)

행복한 창세기

창세기는 이스라엘 백성들이 출애굽 할 때 하나님께서 주신 말씀입니다. 당시 이스라엘 백성들은 430여 년 동안 바로의 노예로 살고 있었습니다. 그들은 바로에 의해서 만들어진 신을 섬기며, 바로를 위한 인생을 전부로 알고 있었습니다. 그렇기에 하나님께서는 이러한 백성들에게 하나님은 어떤 분이시며, 어떤 계획과 뜻을 두고 계시고, 어떤 백성을 원하시는지 창세기를 통해 자세히 가르쳐 주셨습니다. 이는 이스라엘 백성들에게는 잃어버렸던 모든 것을 회복할 수 있는 길을 얻게 된 것이며, 영적 노예 상태로부터 자유함을 얻게 되는 큰 은혜를 입게 된 것이었습니다. 현대인을 우주의 미아라고 표현하기도 합니다. 이는 현대인이 방향이 없이 방황한다는 의미일 것입니다. 시작과 기원에 관한 무지는 결국 존재 의미를 상실케 하고 상대적 우연주의에 빠지게 합니다. 근원은 없고 과정만 있는 인생은 절망과 허무로 지치게 되고, 결국 깊은 영적 갈증에 시달릴 수밖에 없습니다.

바로 여기에 창세기 공부의 중요성이 있습니다. 창세기 공부는 기원의 문제를 밝혀주고 방향을 보여줍니다. 어두움에서 빛으로 우리의 인생길을 안내할 뿐만 아니라 우리에게 진정한 자유와 해방의 길을 제시해 줍니다. 그렇기에 창세기를 행복론이라고 말합니다.

1
이 세상을 만드신 하나님

창세기 1:1-2:3(1:1)
"태초에 하나님이 천지를 창조하시니라"

시작하는 이야기 ─────────────────────

창세기 1장은 성경을 여는 문으로써 중요합니다. 특히 성경의 가장 첫 구절인 창세기 1장 1절 말씀은 하나님이 천지를 창조하셨다는 선언입니다. 이것을 받아들이느냐 그렇지 않으냐에 따라서 우리의 삶은 크게 달라집니다. 존재는 있으나, 존재의 기원에 대해서는 많은 사람들이 정확한 답을 얻지 못하고 있습니다. 창세기 1장은 천지창조에 대한 내용이 담겨 있습니다. 이 광대한 우주가 어떻게 만들어졌는지 그 비밀이 자세하게 기술됩니다. 이 공부를 통해 이 땅의 기원과 창조주 하나님에 대해 깊이 생각해 볼 수 있기를 바랍니다.

1 창세기 1장 1절은 하나님이 천지를 창조하셨다는 선언이자 창조의 시작
을 알리는 중요한 말씀입니다. 여기에 등장하는 네 단어(명사)의 뜻을
설명해보세요.

2 2절을 볼 때 땅의 상태는 어떠하며, 하나님의 영은 무엇을 하고 계셨습
니까? 이것은 어떤 의미일까요?

3 하나님께서 지으신 것들을 날짜에 따라 말해보고, 거기에는 어떤 조직
   과 질서가 있는지 살펴보세요.

4 하나님의 천지창조 과정에서 반복적으로 강조하고 있는 사실은 무엇입
   니까(3-5, 11, 14, 24)? 이를 통해 우리가 발견할 수 있는 하나님의 두
   가지 성품은 무엇입니까?

5 천지 만물을 창조하신 후, 하나님의 소감은 어떠합니까(4, 10, 12, 18, 21, 25, 31)? "하나님이 보시기에 좋았더라"는 표현에서 하나님이 이 세상을 창조하신 목적을 발견할 수 있습니다(사 43:7).

6 하나님께서는 창조를 다 마치시고 일곱째 날에 무엇을 하셨습니까(2:1-2)? 안식일이란 어떤 날입니까(3)?

7 이상을 종합해 볼 때, 하나님은 어떤 분이십니까?

 삶의 자리

1 우주의 기원을 하나님에게서 찾는 것과 진화의 관점에서 찾는 것은 우리의 삶에 어떤 차이를 가져올까요?

2 성경 말씀은 이 땅을 만드신 하나님의 매뉴얼입니다. 이 매뉴얼(말씀)을 공부하면서 당신이 깨달은 바는 무엇이며, 앞으로 기대하는 바는 무엇입니까?

삶의 자리 ✦ ─────────────
밖으로 나가서 하늘과 나무와 돌을 보면서 창조주의 숨결을 느껴보기

하나님의 말씀의 권능을 아십니까?

온 우주 만물이 하나님의 말씀으로 창조되었습니다. 하나님이 명하시매 그대로 순종했습니다. "있으라" 하면 있게 되고 또 "내라" 하면 그대로 내었습니다. 이는 하나님이 어떤 분이신지를 아는데 대단히 중요한 열쇠가 됩니다. 하나님은 말씀하시면 그대로 이루시는 분이십니다. 하나님은 한 번 말씀하시는 것으로 충분합니다. 그러면 말씀하신 대로 이루어집니다. 이를 믿는 것이 믿음입니다. 이 하나님은 영원하시며 진실하십니다. 거짓이 없으십니다. 그래서 "천지는 없어지겠으나 내 말은 없어지지 아니하리라"(마 24:35)고 말씀하십니다. 이러한 점에서 하나님의 말씀인 성경을 배우고 아는 것은 중요합니다. 말씀을 알고 믿는 만큼 우리의 삶에서 하나님의 역사가 일어나기 때문입니다. 불신의 시대! 주변 사람들을 믿지 못하는 것도 문제지만, 진짜 비극은 사람들이 하나님을 믿지 못하는 것입니다.

하나님이 보시기에 좋았던 세상은 어떤 세상이었을까요?

인간을 포함하여 만물을 지으신 후 하나님의 소감은 "보시기에 좋았더라"였습니다. 이 말씀은 1장에서만 일곱 번이나 반복되고 있습니다. 이것은 무엇을 의미하는 것일까요? 이는 창조 자체가 하나님의 구상과 계획에 딱 맞았다는 것을 의미합니다. 하나님께서 만드신 모든 것에 만족하셨다는 것입니다. 이렇게 온 우주 만물은 시작되었습니다. 우주는 흠이 없고 온전한 모습이었고, 조화와 질서 그 자체였습니다. 이를 시편 기자는 "여호와 우리 주여 주의 이름이 온 땅에 어찌 그리 아름다운지요 주의 영광이 하늘을 덮었나이다"(시 8:1)라고 노래하고 있습니다. 하나님께서는 온 우주 만물을 가장 바른 상태로 만드셨고, 있어야 할 제 자리를 바로 찾아 주셨습니다. 온 우주의 행복의 길이 바로 여기에 있습니다. 인간의 불행은 팔자나 운명 또는 주변 환경이나 조건 때문이 아니라, 하나님이 창세 때 주셨던 제 자리를 잃어버렸기 때문입니다. 하나님의 말씀은 사람과 만물을 원래의 모습으로 회복시킵니다.

2
사람을 만드신 하나님

창세기 1:26-2:25(2:7)

"여호와 하나님이 땅의 흙으로 사람을 지으시고
생기를 그 코에 불어넣으시니 사람이 생령이 되니라"

지금 우리는 사람의 가치가 동물이나 물질 수준으로 전락해버린 험한 시대를 살아가고 있습니다. 자기 이익을 위해서라면 사람의 생명도 쉽게 빼앗아버립니다. 그러나 사람은 원래 사랑받아야 할 존귀한 존재입니다. 어떤 물질적 가치로도 측정할 수 없는 가치를 가지고 있습니다. 오늘 말씀은 사람이 원래 어떻게 창조되었는지를 보여주고 있습니다. 오늘 공부를 통해, 점점 사람의 가치가 평가절하 되어가는 이 시대에 하나님 앞에서 자신의 원래 가치와 행복에 대해서 깊이 생각해 볼 수 있기를 바랍니다.

1 하나님은 만물을 창조하신 후, 사람을 창조하시기 전에 무슨 계획을 가지고 계셨습니까(1:26-27)? 이를 통해 볼 때 사람이 어떤 존재임을 알 수 있습니까?

2 사람은 구체적으로 어떻게 창조되었습니까(2:7)? 사람은 어떻게 구성된 존재입니까? 온전한 인간이 되기 위해 필요한 것은 무엇입니까(신 8:3, 딤후 3:16-17)?

3 하나님께서 사람을 창조하신 후에 주신 사명은 무엇입니까(1:28)? 사
  람 창조의 과정을 살펴볼 때, 사람과 동물은 어떤 차이가 있습니까?

4 하나님께서 세상 만물을 지으셨을 때는 "보시기에 좋았더라"라고 말씀
  하셨고, 여섯째 날에는 사람을 지으시고 최종 소감으로 "보시기에 심히
  좋았더라"라고 말씀하셨습니다. 이를 통해 볼 때 세상 만물은, 특히 인
  간은 하나님 앞에서 어떤 존재인 것 같습니까?

5 하나님께서 사람을 위해 지으신 동산은 어떤 곳입니까(2:8-14)? 하나
  님께서 사람을 에덴동산에 두시고 맡기신 사명은 무엇이며(15), 아담은
  그것을 어떻게 구체적으로 감당합니까(19-20)?
  * 에덴(15) : 기쁨, 즐거움, 희락

6 하나님께서 사람을 에덴동산에 두시고 절대적으로 주신 말씀이 무엇입니까(16-17)? 이 말씀 가운데 허락하신 것과 금하신 것과 경고하신 것이 각각 무엇입니까? 하나님께서 보실 때 사람에게 왜 이러한 명령이 필요했을까요?

7 하나님께서 여자를 '왜', '어떻게' 창조하셨습니까(2:18, 21-22)? 여자의 사명은 무엇이며(20), 동역자를 맞이하는 아담의 소감은 무엇입니까(23)?

8 하나님께서 첫 가정을 세우시면서 선포하신 말씀이 무엇입니까 (24)? 에덴동산에서 사는 첫 가정의 모습은 어떠했습니까(25)?

 삶의 자리

1 하나님이 주신 당신의 존재 의미와 인생의 목적은 무엇입니까?

2 오늘 공부를 생각해 볼 때, 인간이 행복할 수 있는 길은 무엇입니까?

삶의 자리 ✚ ─────────────
하나님 앞에서 내가 어떤 존재인지 말해보기
바른 결혼관 갖기

하나님의 형상(image), 모양(likeness)이란?

'형상을 따라', '모양대로'라는 말은 엄밀히 따지면 비슷한 말이라고 할 수 있습니다. 더 쉬운 우리말로 한다면 '닮도록'이라는 말이 맞을 것입니다. 그래서 '하나님의 형상을 따라 하나님의 모양대로'라는 말은 하나님께서 사람의 육신을 하나님과 같이 지으셨다는 뜻이 아니라, 그 내면을 하나님과 교통할 수 있도록 지으셨다는 말입니다. 예를 들어 하나님이 기뻐하시는 것, 슬퍼하시는 것을 알도록 사람에게 그 속성을 주셨다는 것입니다. 여기에는 '의와 진리의 거룩함'(엡 4:24), '지식'(골 3:10)과 같은 속성이 포함됩니다. 뿐만 아니라 고대에는 '신의 형상'은 곧 왕을 의미했습니다. 이러한 면에서 '하나님의 형상'을 따라 지으셨다는 말씀에는 곧 하나님의 뜻대로 세상을 다스리는 왕으로 인간을 세우셨다는 의미가 내포되어 있습니다. 하나님은 인간을 세상에 끌려다니는 존재가 아니라 하나님의 말씀대로 세상을 통치하는 존재로 세우셨으며, 이 사명을 감당하도록 신적인 능력을 주셨습니다. 이러한 점에서 하나님은 인간을 세상에서 가장 영광스러운 존재로 창조하셨음을 알 수 있습니다.

하나님은 왜 선악과를 만드셨을까요(창 2:16-17)?

죄 문제를 이야기하게 되면 꼭 묻게 되는 질문이 있습니다. '하나님께서는 왜 선악과는 만들어서 사람으로 하여금 죄짓도록 했을까?', '만약 선악과가 없었다면 죄짓는 일도 없었을 것이고 그렇게 되면 굳이 예수님이 십자가를 지시지 않아도 되었을 텐데'라고 말합니다. 정말 선악과는 사람에게 무익한 것이었을까요? 아닙니다. 선악과를 볼 때는 그것이 하나님의 창조 사역의 한 부분이었다는 것을 알아야 합니다. 하나님의 형상대로 지음 받은 사람은 마치 아무런 자율성이 없는 기계적인 존재로 만들어진 것이 아니라, 스스로 결정할 수 있는 자유의지를 가진 존재로 지음을 받았습니다. 그래서 하나님이 보시기에 사람이 자유의지를 가진 인격체로 자신의 위치와 행복을 유지하기 위해서는 하나님과의 사이에 일정한 질서의 선이 필요했던 것입니다. 다시 말하면 넘지 말아야 할 선과 같은 것입니다. 이는 마치 자녀가 부모와의 사이에서 넘지 말고 지켜야 할 선을 잘 지킬 때, 부모와 자녀 간에 행복이 잘 유지되는 것과 같습니다. 부부간에도 마찬가지며 사제 간에도 마찬가지입니다. 그래서 알고 보면 선악과는 사람의 행복을 지키기 위한 하나님의 각별한 배려이자 선물이었습니다. 행복한 인생을 위해 절대적으로 필요한 열쇠와도 같은 것입니다.

3

가죽옷을 지어 입히신 하나님

창세기 3:1-24(3:15)

"내가 너로 여자와 원수가 되게 하고 네 후손도 여자의 후손과
원수가 되게 하리니 여자의 후손은 네 머리를 상하게 할 것이요
너는 그의 발꿈치를 상하게 할 것이니라 하시고"

시작하는 이야기 ────────────────

행복하게 살아야 할 인간이 왜 고통과 슬픔 속에 빠지게 되었을까요? 열차가 레일 위에 있을 때 가장 자유롭듯이, 사람은 창조주 하나님 안에 있을 때 가장 자유롭고 행복한 삶을 살 수 있게 창조되었습니다. 그런데 하나님께 불순종하여 하나님을 떠나면서 사람의 불행이 시작되었습니다. 오늘 말씀은 인간의 타락에 대한 내용입니다. 오늘 공부를 통해 죄의 본질과 인간의 타락, 그리고 그 속에서도 변함없는 하나님의 사랑에 대해서 알아갈 수 있기를 바랍니다.

1 뱀은 어떤 존재입니까(1)? 뱀은 여자에게 어떤 유혹적인 질문을 합니까
(1)? 2장 16-17절과 비교해 보세요.

2 여자는 뱀에게 어떤 호의적인 대답을 합니까(2-3)? 여자는 절대적인
하나님의 명령을 어떻게 상대적으로 받아들입니까?

3 뱀이 여자에게 어떤 결정적인 거짓말을 합니까(4-5)? 이 질문이 여자
   에게 어떻게 교만과 호기심을 부추깁니까?

4 여자가 저지른 죄가 무엇입니까(6)? 이것이 인류 역사상 왜 그렇게 중요
   한 사건이 됩니까(롬 5:12)?

5 선악과를 따먹은 후 인간은 어떻게 달라졌으며(7), 특히 '눈이 밝아졌다', '하나님의 낯을 피했다'는 말씀의 뜻이 무엇입니까?

6 지금까지의 내용을 살펴볼 때, ①사탄의 정체(유 1:6, 요 8:44), ②사탄의 유혹 방법, ③사탄의 유혹을 이기는 길(약 4:7, 마 4:4, 마 6:13)에 대해 말해보세요.

7 하나님께서 하나님을 떠난 아담을 어떻게 찾으셨습니까(9)? 하나님께서 "네가 어디 있느냐?"고 부르신 이유가 무엇입니까?

8 하나님께서 아담과 여자를 어떻게 문책하셨습니까(11, 13)? 이에 대한 아담과 여자의 반응은 어떠합니까(12-13)? 하나님께서는 이들에게 어떤 반응을 원하셨을까요?

9 하나님께서 뱀(15), 여자(16), 남자(17-19), 땅(17)에게 내리신 벌이 무엇입니까? 특히 "너는 흙으로 돌아갈 것이니라"는 선고는 무슨 의미가 있습니까(19)? 3:15절에서 뱀에게 내려진 저주가 어떻게 인간에게 구원의 소망을 줍니까?

10 그 이후 아담은 그의 아내의 이름을 무엇이라고 지었으며, 그 뜻은 무엇
   입니까(20)? 하나님의 문책 이후, 아내를 저주하지 않고 오히려 이름을
   이렇게 지은 이유는 무엇일까요? 3장 15절과 연관시켜 생각해 봅시다.

11 하나님께서는 아담과 하와를 위해 무엇을 하셨습니까(21)? 여기에는
   어떤 의미가 담겨 있을까요?

12 하나님께서는 사람을 왜 에덴동산에서 내보내셨습니까(22)? 쫓겨난
   인간의 상태는 어떠하며(23), 인간이 쫓겨난 후 에덴동산은 어떻게 됩
   니까(24, 계 22:1-5)?

 삶의 자리

1 하나님이 죄에 대해 얼마나 단호하신지 살펴보고, 당신은 하나님 앞에
서 교만하게 행하고 있지 않은지 당신의 삶을 살펴보세요.

2 하나님이 죄를 범한 인간에 대해 얼마나 큰 사랑을 보여주시는지 살펴
보고, 당신은 그 사랑을 얼마나 깊이 느끼고 있는지 나눠보세요.

삶의 자리 ✛
지금 유혹받고 있거나 결단하지 못하는 문제 한 가지를 나누고 기도 요청하기

도대체 사탄의 정체는 무엇일까요?

대부분의 사람들은 사탄의 정체에 대하여 알기를 원하지만, 성경이 사탄의 정체를 좀 더 명확하게 밝혀주지 않는 것 같다고 불평하기도 합니다. 그러나 그렇지 않습니다. 성경에서는 우리가 반드시 알아야 할 것에 대해서는 분명히 언급하지만 그렇지 않은 것에 대해서는 침묵하는 경우가 대부분입니다. 그렇기 때문에 성경에 보이지 않는다고 해서 성경이 무언가 부족하다거나 잘못되었다고 생각해서는 안 됩니다. 그래서 요한 칼빈은 "나는 성경이 가는 곳까지 가며 성경이 멈추는 곳에서 멈춘다."는 유명한 말을 남겼습니다. 다시 말하면, 부모가 자녀에게 세상에 대하여 가르칠 때 그의 나이에 따라서 알아들을 수 있는 분량만큼만 가르치듯이, 하나님께서도 우리의 영적 분별력의 분량을 염두에 두시고 성경을 통해 가르쳐 주신다는 사실을 알아야 합니다.

그렇다면 성경에서는 사탄의 정체를 무엇이라고 말합니까? 사탄은 자신의 지위를 지키지 않고 자기 처소를 떠난 타락한 천사(유 1:6)입니다. 사탄은 마귀이며(계 20:2) 살인자이고, 거짓말쟁이며 거짓의 아비(요 8:44)입니다. 그러나 사탄은 결국 하나님에 의해서 심판을 받게 되는 존재입니다.

4

인류의 확장과 죄의 성장

창세기 4:1-5:32(4:7)

"네가 선을 행하면 어찌 낯을 들지 못하겠느냐
선을 행하지 아니하면 죄가 문에 엎드려 있느니라
죄가 너를 원하나 너는 죄를 다스릴지니라"

시작하는 이야기

죄로 인해 에덴에서 쫓겨난 인간들은 결혼과 집단 문화를 통해 점점 퍼져나갑니다. 그에 따라 죄 또한 점점 더 성장해갑니다. 개인, 가정, 사회로 퍼져나간 죄는 살인, 폭력, 음란함과 같이 하나님 없는 인간의 타락한 문화를 만들어냅니다. 죄의 성장은 여전히 현재진행형입니다. 이러한 현대의 악한 문화 속에는 하나님을 무시하는 세계관이 깔려 있습니다. 오늘 말씀을 통해서 하나님을 떠난 인간의 상태가 어떠한지, 그리고 그 속에서도 하나님을 따르는 문화가 어떻게 이어져 왔는지를 살펴볼 수 있기를 바랍니다.

1 아들을 낳은 하와의 소감이 무엇입니까(1)? 출산의 고통으로 힘들었을 하와가 왜 원망이 아닌 기쁨의 소감을 말했을까요(3:15)?

2 가인과 아벨은 어떤 사람이었습니까(2)? 이들이 각각 하나님께 드린 제물은 무엇이었습니까(3-4)?

3 하나님께서는 이들이 드린 제물을 어떻게 하십니까(4-5)? 하나님께서
는 왜 가인과 그의 제물은 받지 않으셨을까요(마 5:23, 히 11:4)?

4 가인이 하나님께 어떤 반응을 보입니까(5)? 하나님께서는 가인을 어떻
게 도우십니까(6-7)?

　* 문에 엎드려 있느니라(7) : 문에 웅크리고 먹잇감을 노리고 있는 모습.

5 가인은 어떤 죄를 지었으며(8), 질문하시는 하나님 앞에서 어떻게 대답
합니까(9)? 하나님께서는 가인에게 어떤 벌을 내리십니까(10-12)?

6 벌을 받은 가인의 반응이 어떠합니까(13-14)? 이런 가인에게 하나님은
어떤 사랑을 베푸십니까(15)?

7 이후 가인은 어떻게 살아갑니까(16-17)? 그의 의도가 무엇인 것 같습니까?

8 가인의 후손들에 대해 말해보세요. 라멕과 야발, 유발, 두발가인은 각각 어떤 문화의 조상이 됩니까(18-24)? 특히 라멕의 노래(23-24)를 볼때, 하나님을 떠난 그들의 문화가 어떠합니까?

9 아담과 하와가 다시 아들을 낳고 그 이름을 무엇이라고 합니까(25)? 그
후손 중, 특히 에노스(26), 에녹(5:21-24), 라멕(28-29), 노아(29, 32)에
대해서 살펴보세요. 이들의 문화는 가인의 후손들의 문화와 어떤 차이
가 있습니까?

 삶의 자리

1 가인과 아벨의 경우를 통하여 볼 때, 당신은 하나님 앞에 어떤 마음으로 나아갑니까?

2 셋의 후손들에 대한 기록을 볼 때, 당신의 인생을 한두 문장으로 표현한다면 어떻게 표현되길 원하는지 적어보세요.

삶의 자리 ✛ ─────────────────────────
하나님 앞에서 내가 지금 지켜야 할 문화 한 가지 (   )
하나님 앞에서 내가 지금 버려야 할 문화 한 가지 (   )

가인은 누구와 결혼했을까?

아담에게는 가인과 아벨이라는 두 아들이 있었습니다. 그런데 형 가인은 하나님이 동생 아벨의 제사만 받으시자 질투심에 아벨을 죽이고 말았습니다. 이제 세상에는 아담과 하와, 그리고 가인 단 세 사람밖에 남지 않았습니다. 그런데 창세기 4:17에는 가인이 결혼하여 아들 에녹을 낳았다고 기록되어 있습니다. 가인은 도대체 누구와 결혼했던 말입니까? 이단자들은 이에 대해 가인이 타락한 천사와 결혼했다고 주장하지만 그것은 사실이 아닙니다. 성경을 잘 들여다보면 가인은 아담이 낳은 딸과 결혼했음을 알 수 있습니다(창 5:4-5). 이 기록에 따르면 아담은 130세에 셋을 낳았고 그 이후 무려 800년을 더 살면서 자녀를 낳았습니다. 현재의 상식으로는 사람이 900년 이상 살았다는 것이 이해되지 않지만, 노아 대홍수 이전의 자연환경에서는 모든 사람이 적어도 몇백 년은 살았습니다.

단순한 산술적 계산법으로, 하와가 셋을 낳은 후 대략 600년 동안 2년이나 3년 터울로 아이를 낳았다고 가정해 봅시다. 그렇다면 아담과 하와의 자녀는 적어도 600÷2.5=240명 정도가 됩니다. 이들 중에 최소한 절반은 여자가 아니었을까요? 이러한 근거로 신학자들은 가인이 아담의 딸 중에서 한 명과 결혼했다고 주장합니다.

5
물로 심판하시는 하나님

창세기 6:1-8:22(6:7)

"이르시되 내가 창조한 사람을 내가 지면에서 쓸어버리되
사람으로부터 가축과 기는 것과 공중의 새까지 그리하리니
이는 내가 그것들을 지었음을 한탄함이니라 하시니라"

시작하는 이야기 ————————————

하나님을 떠난 사람들의 죄는 점점 넘쳐나고, 하나님께서는 이에 대해 홍수로 심판하십니다. 그러나 심판 속에서도 하나님은 의인으로 살았던 노아와 그 가족을 택하심으로 하나님의 사랑을 보여주십니다. 이 시대 역시 점점 더 악해져 가고 있습니다. 하나님의 심판은 실재했고, 또한 앞으로 최후 심판이 남아 있습니다. 이런 악한 시대에 하나님은 우리가 노아와 같이 구별된 하나님의 사람으로 살아가길 원하십니다. 오늘 공부를 통해 시대사상의 홍수에 휩쓸리기보다 하나님의 말씀에 거하는 거룩한 소수가 될 수 있기를 바랍니다.

말씀의 자리

1 사람들이 땅 위에 번성하기 시작할 때 어떤 일들이 일어나며(6:1-2), 그
결과 그 시대의 모습은 어떠합니까(5, 11-12)?

2 이에 대해 하나님께서는 어떻게 하시고자 합니까(3, 5-7, 13)?

3 이런 시대 속에서도 노아는 어떤 사람이었습니까(8-10)? 하나님께서
  는 노아에게 어떤 엄청난 명령과 약속을 주셨습니까(13-21)?
  * 노아의 방주(15) : 길이 135m, 폭 23m, 높이 14m로, 축구장의 1.5배 크기 (1규빗: 46cm)
  * 방주(15) : 키가 없는 배로, 떠 있는 것이 목적이다.

4 노아는 하나님의 명령을 듣고 어떻게 행합니까(22-7:9)? 하나님의 말
  씀에 순종하는 데 있어서 당시의 노아는 어떤 어려움을 겪었을까요?

5 하나님의 심판 경고가 구체적으로 어떻게 실현됩니까(10-12)? 홍수심
판이 어떻게 진행되는지 읽어보세요(13-24). 하나님께서는 홍수 심판
중에도 노아를 어떻게 도우십니까?

6 하나님께서는 언제, 어떻게 노아를 방주에서 나오게 하십니까(8:1-19)?

7 방주에서 나온 후 노아는 무엇을 했으며, 하나님은 어떤 계획을 말씀하
십니까(20-22)?

 삶의 자리

1 하나님의 말씀 앞에 철저히 순종했던 노아의 삶을 보면서 당신이 지금 하나님 앞에서 순종해야 할 것은 무엇입니까?

삶의 자리 ✦
순종해야 할 목록을 만들고 실천하기

도대체 그 많은 물은 어디로부터 왔을까요?

온 땅과 산들을 덮었던 놀라운 홍수 심판에 대하여 '과연 그 많은 물은 어디에서 왔을까?'라는 물의 출처에 대한 의문을 갖기도 합니다. 그러나 그러한 의문은 성경을 조금만 자세히 본다면 금방 풀릴 수 있습니다. 하나님께서 세상을 창조하실 때의 과정을 살펴보면 온 땅이 물로 덮여 있었던 것을 볼 수 있습니다(1:2). 그런데 하나님은 둘째 날에 이 물이 궁창(허공) 위의 물과 궁창 아래의 물로 나뉘게 하셨습니다(1:7). 그리고 셋째 날 궁창 아래의 물에서 땅이 드러나도록 하셨습니다(1:9). 그렇기 때문에 지구의 땅은 창공 위의 물과 아래의 물 사이에 있게 되었습니다. 시편 104:9의 말씀 "주께서 물의 경계를 정하여 넘치지 못하게 하시며 다시 돌아와 땅을 덮지 못하게 하셨나이다"를 통해 하나님께서 위와 아래의 물을 머물게 하셨던 것을 볼 수 있습니다. 그런데 하나님께서 그 물의 경계를 트셨습니다. 그리하여 "큰 깊음의 샘들이 터지며 하늘의 창문들이 열려"(7:11) 온 땅을 덮고도 남을 만한 충분한 물이 나오게 된 것입니다.

과연 노아의 방주는 지구상의 생물이 들어가기에 충분했을까요?

우선 방주의 크기를 보면 길이가 300규빗(138m), 광이 50규빗(23m), 높이가 30규빗(14m)으로 현대의 축구장으로 치면 약 1.5배의 크기에 3층 정도의 높이라고 볼 수 있습니다. 이곳에 들어간 동물의 수를 산출해 볼 때 현재 지구상에 살고 있는 동물을 포유류 3,500종, 조류 8,600종, 파충류와 양서류 5,500종으로 보기 때문에 총 17,600종이 됩니다. 여기에 두 마리씩 쌍으로 들어갔기 때문에 총 35,200마리가 방주에 들어간 셈입니다. 동물의 크기는 다 다르지만, 평균을 내면 대략 양의 크기 정도가 될 것입니다. 그렇게 볼 때 실제 방주가 실을 수 있는 동물의 수는 총 125,280마리가 되기 때문에 지구상의 동물을 싣는 데는 전혀 문제가 되지 않았음을 알 수 있습니다.

6
노아의 후손

창세기 9:1-11:32(9:1)

"하나님이 노아와 그 아들들에게 복을 주시며
그들에게 이르시되 생육하고 번성하여 땅에 충만하라"

시작하는 이야기

하나님께서는 홍수 심판 후 모든 것을 다시 회복시켜 주시며 새롭게 시작할 수 있는 기회를 주셨습니다. 그러나 당대 의인이었다고 인정함을 받았던 노아는 포도주에 취해 자신을 방치하는 실수를 하였고, 이 실수는 후손들의 삶에 막대한 영향을 미칩니다. 후손들은 크게 번성하였지만, 그들은 하나님이 없는 문화를 만들고 더 나아가 바벨탑을 세우며 하나님을 대적하려 합니다. 이에 하나님께서는 그들의 언어를 혼잡하게 하여 흩으십니다. 이처럼 죄의 영향력은 쉽게 사라지지 않습니다. 하나님과 함께 하는 후손과 하나님 없는 후손은 삶의 과정이 다르고 그에 따른 결과도 다릅니다.

1 홍수 심판 후 하나님은 어떤 약속과 명령을 주십니까(9:1-7)?

2 하나님께서는 누구와 어떤 언약을 세우시며(8-11), 그 증거로 무엇을
  주십니까(12-17)?

3 온 세상은 누구의 후손들로 채워집니까(18-19)?

4 노아의 실수가 무엇이며(21), 이에 대한 아들들의 태도가 어떻게 다르
게 나타납니까(22-23)?

5 그 결과 어떤 일이 일어납니까(24-27)?

6 노아는 몇 세 까지 살았습니까(28-29)?

7 10장은 홍수 심판 후 노아의 아들들로부터 사람들이 온 땅에 퍼지는
   내용입니다. 사람들이 바벨탑을 어떻게, 왜 쌓았습니까(11:1-4)?

8 하나님께서는 이들을 어떻게 하셨습니까(5-9)?

9 이처럼 홍수 심판 이후에도 사람들의 죄 문제는 여전히 해결되지 않았습니다. 셈의 후손 중에서 데라의 아들 아브람이 등장합니다. 성경이 아브람을 상세히 소개하는 이유가 무엇일까요(히 11:8, 마 1:1)?

 삶의 자리

1 바벨탑 사건을 통해, 모든 일에서 동기를 보시는 하나님을 만나게 됩니다.
당신은 삶의 현장에서 하나님과 자신 중에 누구를 더 드러내려 합니까?

삶의 자리 ✛
내가 신뢰하고자 하는 '나만의 바벨탑' 무너뜨리기

술에 대해서

노아는 포도주에 취하여 큰 실수를 합니다. 노아는 자식들 앞에서 벌거벗은 몸을 보였고, 이에 따라서 자식들도 죄를 범하게 되었습니다. 오늘날 사람들은 이런저런 이유로 술을 마십니다. 술은 기분을 즐겁게 해주고 원기를 북돋아 주는 역할도 하지만, 사람을 방탕하게 하고(엡 5:18), 판단력을 흐리게 하며(잠 23:34-35), 건강과 재산과 명예를 손상시키는 경우가 허다합니다. 혹자는 성경이 술 자체를 정죄하지 않고 있다고 말하며 술을 권장하거나 당당히 마십니다(잠 23:31). 그러나 한 번 술맛을 알게 된 사람은 적당히 마시지 못합니다. 처음에는 사람이 술을 마시지만, 어느 정도 먹게 되면 술이 사람을 먹어버리기 때문입니다. 그래서 성경은 술에 대해 아주 부정적인 면을 많이 다루고 있습니다. 술은 신앙생활에 전혀 도움을 주지 않으며 오히려 장애 요인이 된다는 것을 명심해야 합니다. 사도 바울은 "술 취하지 말라 이는 방탕한 것이니 오직 성령의 충만을 받으라(엡 5:18)"고 강조했습니다. 술에 대한 해악을 바로 인식하고, 약으로 쓰는 것 외에는 술 마시는 것을 삼가야 합니다.

바벨탑을 쌓은 인간들 (창 11:3-4)

1) 바벨의 의미: 혼잡, 혼동이란 뜻이다.
2) 바벨탑의 재료: 벽돌과 역청
3) 바벨탑을 쌓은 동기: 흩어짐을 면하기 위해, 홍수 심판을 내리신 하나님을 대항하며 자신의 구원을 도모하기 위해
4) 바벨탑의 높이: 인간이 쌓을 수 있는 한계까지 쌓았다. "성읍과 탑을 건설하여 그 탑 꼭대기를 하늘에 닿게 하여 우리 이름을 내고 온 지면에 흩어짐을 면하자 하였더니"

7
아브람을 부르신 하나님

창세기 12:1-13:4(12:2)

"내가 너로 큰 민족을 이루고 네게 복을 주어
네 이름을 창대하게 하리니 너는 복이 될지라"

시작하는 이야기

하나님의 부르심에는 축복과 사명이 있습니다. 하나님이 사람을 부르시는 이유는 부름 받은 사람의 인생을 복되게 하며, 그를 통하여 많은 사람을 복된 길로 인도하시기 위함입니다. 하지만 부름 받은 자로서 살아갈 때는 많은 어려움과 유혹이 있습니다. 그 과정에서 하나님은 택한 자를 끝까지 보호하시며 훈련시키십니다. 아브라함은 어두운 시대에 복으로 부르심을 받았지만 고향을 떠나야 하는 결단이 필요했고(12:1-9), 기근이 와서 약속의 땅을 떠났다가 큰 고난을 당했습니다(12:10-13:4). 이 과정에서도 하나님은 부르신 자와 동행하시며 그를 돌보십니다. 부름 받은 자는 죄악된 것으로부터 떠나야 하며, 자신의 인간적 판단을 내려놓을 줄 알아야 하고, 사람을 의지하려 하기보다는 하나님을 의지할 줄 알아야 합니다. 오늘 말씀을 공부하면서 이 시대 가운데 나를 부르시는 하나님을 만나시기를 바랍니다.

1 아브람이 살던 시대(13:10-13, 수 24:2)와 아브람의 가정에 대해서 알
   수 있는 바가 무엇입니까(11:27-32, 12:4)?

2 하나님께서는 아브람을 부르시고 어떤 명령을 하십니까(12:1)? 고향,
   친척, 아버지의 집을 떠나라고 하신 말씀의 뜻이 무엇입니까? 왜 떠나
   야 합니까?

3 하나님께서 아브람을 부르실 때 명령과 함께 약속해 주신 6가지 복이
   무엇이며, 아브람의 현재의 삶과 어떤 관계가 있습니까(2-3)?

4 부르심 받은 아브람의 반응은 어떠했습니까(4)? 누가 아브람과 함께 갔
   습니까(5)? 아브람은 무엇을 근거로 신앙 출발을 했습니까? 그가 어떤 형
   편에서 신앙 출발을 했습니까(세상적으로, 가정적으로, 개인적으로)?

5 가나안 땅에 들어간 아브람에게 하나님께서 어떤 약속을 구체적으로
   새롭게 하십니까(7)? 부르심 받고 가나안 땅에 정착하는 아브람의 모
   습이 어떠합니까(8-9)?

6 부름 받은 자에게 닥친 어려움(유혹)은 무엇입니까(10)? 애굽에 간 동
   기와 가나안에 간 동기가 어떻게 다릅니까?

7 그가 애굽에 내려가서 살기 위해 짜낸 지혜가 무엇입니까(11-13)? 부르
 심 받은 자가 하나님을 의지하지 못할 때 어떤 모습으로 변합니까?

8 그가 인간적인 꾀로 행한 결과 얻은 것은 무엇이며, 잃은 것은 무엇입니
 까(14-16)? 그 때 아브람의 심정이 어땠을까요?

9 하나님께서는 곤경에 빠진 아브람을 어떻게 건져내십니까(17-20)?

10 그는 약속에 땅에 돌아와서 무엇을 했습니까(13:1-4)? 이 일을 계기
　로 부르심 받은 아브람이 깨달은 것은 무엇일까요?

 삶의 자리

1 하나님의 부르심에는 놀랍고 위대한 삶이 포함되어 있습니다. 하지만 이 위대한 삶에는 먼저 죄를 끊고, 온전히 하나님만을 믿고 따르는 삶이 필요합니다. 하나님의 부르심 앞에 순종하기 위해서 끊어야 할 죄나 결단해야 할 잘못된 습관들은 무엇입니까?

2 부르심 받은 자도 어려운 환경에 처할 수 있고, 유혹을 받을 수 있습니다. 그때 부르심 받은 자가 가져야 하는 확신은 무엇일까요?

삶의 자리 +
결단의 소감 쓰기 – 버려야 할 죄악된 것들을 작성하고 결단하기

애굽식 생존 방법에 대해 아십니까?

가나안 땅에서 아브람의 생활은 순탄치 않았습니다. 우선 먹고 사는 문제가 가장 심각했습니다. 이 가운데 그가 취할 수 있는 방법은 더 나은 곳으로의 이주였습니다. 아직 애굽이 어떤 곳인지 모르지만 그래도 그곳은 기근 문제의 유일한 해결책으로 떠올랐습니다. 그래서 아브람은 과감히 애굽을 선택하고 출발했지만 애굽은 아브람과 그의 가족들이 생각했던 곳이 아니었습니다. 먹을 것은 풍부할지 몰라도 애굽은 철저히 왕을 위해 존재하는 도시였고, 아리따운 여인을 보면 누구든 왕이 자신의 소유로 삼는 도시였습니다. 또 왕을 위하는 일이라면 살인도 서슴지 않는 패역한 도시였습니다. 이러한 가운데 아브람이 택했던 방법은 바로 애굽식 생존 방법이었습니다. 애굽식 생존 방법은 일단 거짓으로 위기를 모면하여 자신도 살고, 기근의 문제도 해결해 보자는 것이었습니다. 이런 아브람의 무책임하고 이해할 수 없는 행동에 사라는 불만을 가졌을 수도 있었겠지만, 아브람의 대답은 분명했을 것입니다. "그러면 이런 곳에서 어떻게 하란 말인가?" 결국 아브람은 애굽에서 먹는 문제는 해결했지만 아내와 신앙을 잃은 허탈감에 빠지게 됩니다. 그러나 하나님의 도우심으로 잃었던 것을 모두 되찾게 됩니다. 이것을 통해 아브람이 깨달은 것은 무엇이었을까요? 바로 근본적인 해결책은 '애굽식'이 아니라 '하나님식'에 있다는 것입니다.

8

아브람을 기르시고
의롭게 여기신 하나님

창세기 13:5-15:21(15:5-6)

"그를 이끌고 밖으로 나가 이르시되 하늘을 우러러
뭇별을 셀 수 있나 보라 또 그에게 이르시되 네 자손이 이와 같으리라
아브람이 여호와를 믿으니 여호와께서 이를 그의 의로 여기시고"

시작하는 이야기

　처음부터 성숙한 사람은 없습니다. 그렇기에 계속 자라가기 위한 노력이
필요합니다. 믿음 생활 중 실패를 줄이기 위해서는 바른 판단력(가치관)을
가져야 합니다. 또한 삶의 모든 영역에 함께하시며 나를 훈련시키시는 하
나님을 믿음의 눈으로 볼 수 있어야 합니다. 13장은 롯과 아브람의 가치관
을 볼 수 있는 내용입니다. 롯은 인간적인 것을 선택하고, 아브람은 하나님
의 약속을 붙잡습니다. 14장에서 아브람은 롯을 구하기 위해 참전하여 승
리하지만 이내 곧 주변 상황과 자신의 형편으로 인해 영적 침체에 빠지게
됩니다. 그러나 하나님은 어떤 상황과 형편에서도 끝까지 믿을 수 있는 믿
음을 갖도록 훈련시키십니다. 15장에서 결국 아브람은 자신의 형편보다도
하나님의 말씀을 믿음으로 의롭다고 인정받습니다. 오늘 말씀을 공부하면
서 아브람의 성공과 실패 속에서 함께 하시며, 아브람이 참된 믿음을 갖도
록 도우시는 하나님을 만날 수 있기를 바랍니다.

1 재물이 많아져 아브람과 롯 사이에 문제가 발생했습니다(13:5-7). 아브람은 이 문제를 어떻게 해결합니까(8-9)? 여기서 아브람은 돈(물질)보다도 무엇을 더 중요하게 여기고 있음을 알 수 있습니까?

2 롯은 어디를 바라봤으며, 결국 어느 곳을 택했습니까(10-11, 13)? 그는 결국 어디로 옮겨 갑니까(12)? 하나님의 약속을 따라왔지만 롯은 결정적인 순간에 무엇에 근거해서 결정했습니까?

3 롯이 버린 곳에서 낙심하고 있던 아브람을 하나님께서는 어떤 약속으로 격려해 주십니까(14-17)? 아브람은 무거운 마음을 이기고 어떻게 반응합니까(18)?

4 롯은 자신이 택한 소돔에서 어떤 고통을 겪게 됩니까(14:1-12)? 이 소식을 들은 아브람은 롯을 위하여 즉시 무엇을 했습니까(13-16)?

5 그의 성숙한 신앙 인격이 어떻게 드러납니까(17-20)? 아브람이 소돔왕
  으로부터 전리품을 거절한 이유가 무엇입니까(21-24)? 아브람은 어떤
  물질관을 가지고 있었던 것 같습니까?

6 환상 중에 임하신 하나님께서 아브람에게 무슨 말씀을 하십니까
  (15:1)? 14장을 배경으로 생각해 볼 때 하나님께서 "나는 네 방패요 너
  의 지극히 큰 상급"이라고 말씀하신 이유가 무엇일까요?

7 하나님의 격려와 위로에도 불구하고 아브람은 하나님께 어떤 불평을 합니까(2-3)? 이에 하나님께서는 무슨 약속의 말씀을 주시며(4), 아브람이 이를 실감할 수 있도록 어떻게 설명해주십니까(5)?

8 하나님의 약속의 말씀에 대한 아브람의 반응은 어떠했습니까(6)? 하나님은 이 믿음을 어떻게 여기셨습니까(6)? 아브람의 믿음은 어떤 믿음입니까(롬 4:17-18)?

9 하나님께서는 언약을 확증시켜 주시기 위하여 무엇을 준비토록 하시
   며, 이에 대해 아브람은 어떻게 반응합니까(9-11)?

10 하나님께서 아브람과 그 자손의 앞날에 대하여 무슨 말씀을 주십니까
   (13-21)? 아브람의 자손들이 언제 이 땅(가나안)을 기업으로 얻게 됩
   니까(16)? 아브람과 언약을 체결하기 위해 하나님이 친히 하신 것은
   무엇입니까(17)?

 삶의 자리

1 아브람은 믿음과 도전으로 승리(성공)를 체험하고서도 급격히 낙심에 빠졌습니다. 그 이유가 무엇일까요? 그럼에도 하나님은 책망하지 않으시고 친절하게 믿음을 갖도록 도와주십니다. 그 이유가 무엇일까요?

2 더디 응답되는 하나님의 약속으로 인해 불평하는 아브람에게 언약 의식을 행함으로 약속을 새롭게 해주시는 하나님을 볼 때, 하나님은 우리가 어떤 믿음을 갖기를 원하실까요?

삶의 자리 +
선교헌금(10% 십일조) 감당하기
성경적인 헌금생활(고후 8:1-5, 9:6-7) 묵상하고 실천하기

말씀의 자리 ✛

아브람이 선택한 헤브론의 마므레 상수리 수풀

아브람의 목자들과 롯의 목자들 사이에서 발생한 다툼에서 아브람으로부터 선택권을 받은 롯은 결국 소돔을 택합니다. 그러나 아브람은 오직 하나님께 모든 것을 의탁하고 헤브론의 마므레 상수리 수풀로 옮겨 단을 쌓습니다. 그런데 이곳은 후에 아브람과 그의 후손들에게 중요한 신앙의 근거지가 됩니다. 사실 헤브론은 다툼보다는 양보로, 재물보다는 하나님을 택한 아브람에게 하나님께서 주신 선물이라고 볼 수 있습니다. 이는 믿는 자에게는 누구나 영적 헤브론을 허락하실 하나님을 바라보게 합니다. 먼저 그의 나라와 의를 구하다가 어려움과 고통 그리고 핍박을 당할 수도 있습니다. 그러나 하나님이 주시는 헤브론이 있다는 사실을 기억해야 합니다.

9

믿음의 조상으로
준비시키시는 하나님

창세기 16:1-17:27(17:7)

"내가 내 언약을 나와 너 및 네 대대 후손 사이에 세워서
영원한 언약을 삼고 너와 네 후손의 하나님이 되리라"

시작하는 이야기

성숙한 신앙인은 하나님의 때를 기다릴 줄 아는 사람입니다. 인간적인 조급함은 도리어 일을 망치게 합니다. 하나님께서 약속의 성취를 더디 하심은 약속받은 자의 성숙을 더 중요하게 여기시기 때문입니다. 따라서 하나님 앞에서 자신을 돌아보며 늘 겸허한 자세를 가져야 합니다. 아브람은 하나님의 약속을 기다리지 못하고 다른 아이를 갖게 되어 가정에 불화를 가져오게 되었지만, 하나님의 도우심으로 난처한 상황을 해결하게 됩니다(16장). 하지만 곧 아브람은 하나님을 잊고 현실에 안주하며 살아갑니다. (성경에는 86세에서 99세 사이의 아브람의 행적이 기록되어 있지 않습니다. 이 기간은 아브람이 이스마엘을 얻고 난 후 하나님의 약속과 말씀을 잊은 때라고 볼 수 있습니다.) 그러나 하나님께서는 이런 아브람과의 언약을 갱신하기 위하여 그의 나이 99세 때에 다시 찾아오십니다(17장). 오늘 말씀을 공부하면서 조급함이 어떤 결과를 가져오는지 살펴보고, 하나님은 택한 자를 포기하지 않으시고 결국 약속을 성취해 가시는 분이심을 발견해야겠습니다.

1 하나님의 때를 기다리지 못한 사래는 자식을 얻기 위하여 어떤 방법을 썼으며(16:1-3), 이로 인해 아브람의 가정에 무슨 문제가 발생합니까(4-6)?

2 하나님께서는 이 문제를 어떻게 도우십니까(7-11)? 이스마엘에게 두신 하나님의 뜻은 무엇입니까(12)? 하갈은 자신이 만난 하나님이 어떤 분이라고 고백하고 있습니까(13-14)? 이스마엘이 태어날 때 아브람의 나이는 몇 세였습니까(15-16)?

3 하나님께서 다시 아브람을 찾으신 때가 언제이며, 주신 말씀이 무엇입니까(17:1)? 공백 기간 동안 아브람의 신앙생활이 어떠했을 것 같습니까(16:16, 17:18)?

　　* 전능한 하나님이라(1) : 모든 상황과 형편을 초월하여 일하시는 능력의 하나님.

4 하나님은 왜 다시 찾아오셨습니까(2)? 하나님께서 아브람과 새롭게 세우신 언약의 내용은 무엇입니까(4-8). 여기서 아브람의 이름을 고쳐주신 의미가 무엇입니까(5-6)?

　　* 여러 민족의 아버지(5) : 장차 예수 그리스도를 통해 이루어질, 하나님이 통치하시는 나라의 조성을 말한다.

5 하나님은 아브라함과 그 후손이 간직해야 할 영원한 언약의 표징으로 무엇을 행하라고 명하십니까(9-10)? 할례의 중요성을 말해보세요(11, 14). 구약의 할례는 신약의 세례와 비슷한 의미입니다. 그렇다면 할례 (세례)는 우리에게 어떤 의미가 있습니까(신 10:16, 롬 2:28-29)?

6 하나님은 사래의 이름을 어떻게 고쳐 주셨으며, 그 뜻은 무엇입니까(15-16)?

7 하나님의 약속이 있었지만 아브라함은 어떤 부정적인 소원을 말합니까(17-18)?

8 이스마엘에게 기대를 걸고 있는 아브라함에게 언약의 자식을 주실 것을 확신시키기 위해 하나님께서 주신 두 가지 말씀은 무엇입니까(19, 21)? 이스마엘은 어떻게 된다고 말씀하십니까(20)?

9 하나님의 말씀을 다 들은 후 아브라함은 어떻게 반응합니까(23-27)?

 삶의 자리

1 '신앙생활을 한다'는 것은 하나님의 뜻을 알아가고, 그분의 때를 기다리는 것이라고 말할 수 있습니다. 당신이 하나님의 때를 잘 기다리지 못하고 조급해한다면 그 이유는 무엇입니까?

2 하나님은 아브라함이 믿음의 조상이 되게 하시고, 하나님 백성의 표징으로 표피를 제거하게 하셨습니다. 하나님의 자녀답게 살기 위해서 당신의 삶 속에서 잘라내야 할 것이 있다면 무엇인가요?

삶의 자리 ✦
말씀 보는 데 방해되는 것 한 가지 제거하기
예) TV, 인터넷, 핸드폰, 쇼핑, 아침잠 등등

86세에서 99세까지 아브라함은 무엇을 했을까요?

성경은 16장에서 17장으로 이어지면서 아브라함의 13년의 세월에 대해서는 어떤 언급도 없이 침묵하고 있습니다. 이는 아브라함이 이스마엘을 얻고 난 이후 13년의 기간입니다. 도대체 성경은 왜 이 기간을 언급하고 있지 않으며, 아브라함은 과연 이 기간에 무엇을 했을까요? 13년이라고 하면 그리 짧은 기간이 아닌데 하나님께서는 왜 이 긴 기간 동안 조용히 계시다가 아브라함의 나이 99세 때 그의 앞에 다시 나타나셨을까요? 물론 그 이유를 정확히 알 수는 없지만, 틀림없이 아브라함에게 이 기간을 통하여 하나님께서는 무언가 무언의 메시지를 주셨음을 알 수 있습니다. 다시 말하자면 하나님이 보실 때 이런 침묵의 기간이 아브라함에게 필요했으리라는 것입니다. 그러면 이 기간을 통해 하나님께서 아브라함에게 주시고자 했던 것은 무엇일까요?

① 우선, 하나님의 약속을 외면한 채 자신의 아내 사래의 말을 듣고 첩 하갈을 얻어 이스마엘을 낳은 아브라함의 불신에 대한 책망성 침묵을 생각할 수 있습니다.

② 하나님은 13년 만에 다시 나타나심으로 세월에 관계없이 약속하신 것은 반드시 이루시는 하나님의 신실하심을 보이셨음을 생각할 수 있습니다.

③ 하나님께서는 침묵 속에서도 함께 하신다는 사실을 보여주심으로, 아브라함의 믿음을 성장시키고자 하심을 알 수 있습니다. 물론 이 13년의 기간 동안 아브라함은 하나님과의 관계에서 많은 부분이 희미해졌을 수도 있을 것입니다. 그러나 결국 하나님께서는 이 기간 동안 아브라함에게 하시던 일을 중단한 것이 아니라, 아브라함을 또 다른 차원에서 성장시키려고 계속하여 일하고 계셨다는 사실을 깨닫게 합니다.

할례에 대하여

할례는 고대 중동지방에서 널리 이루어졌던 성년 의식의 일종이었습니다. 할례의식은 하나님의 부르심을 받고 언약을 믿는 자들이 언약 백성의 표징으로 행하도록 하나님께서 정하신 제도였습니다. 이는 하나님의 백성을 구별하는 표시이기도 했지만, 세상을 향하여 살아가던 옛사람을 벗고 하나님의 자녀로서 새롭게 출발한다는 의미를 가진 정결 의식이기도 했습니다.

10

아브라함을 벗으로
대하시는 하나님

창세기 18:1-20:18(18:17-18)

"여호와께서 이르시되 내가 하려는 것을 아브라함에게 숨기겠느냐
아브라함은 강대한 나라가 되고 천하 만민은
그로 말미암아 복을 받게 될 것이 아니냐"

시작하는 이야기 ──────────────

사람은 자신이 아끼고 소중히 여기는 것으로부터 영향을 받습니다. 세상을 벗하며 산 사람은 안목의 정욕으로 인해 영적으로 둔하여지며 하나님과 멀어집니다. 반면 세상 낙을 다 누리지 못하여도 하나님을 가까이하며 산 사람은 생명과 더 큰 기쁨을 얻게 됩니다. 본문 말씀에는 아브라함과 롯의 평소 생활과 소돔과 고모라의 멸망이 소개되고 있습니다. 도시 문화를 즐기지는 못했지만, 하나님과 더불어 살았던 아브라함은 갑작스럽게 방문한 하나님과 사자들을 지극정성으로 대접하며 벗으로 인정받습니다(18장). 반면 롯은 세상 문화에 젖어 거룩함을 상실하고, 삼촌 아브라함의 중보기도 덕에 심판받는 소돔과 고모라에서 탈출할 수 있게 되지만 그 이후에 너무나도 비참한 삶을 살게 됩니다(19장). 오늘 말씀을 통해 하나님을 의지하고 사는 자와 세상을 의지하고 사는 자의 생활과 그 결과를 알 수 있습니다. 평소 자신의 삶이 어떠했는지, 무엇에 가치를 두고 살았는지를 점검해 보고, 하나님과 참된 벗의 관계를 이루는 시간이 되기를 바랍니다.

말씀의 자리

1 본문의 손님은 사람의 모습으로 찾아온 하나님과 두 천사를 가리킵니다(18:16-17, 19:1). 아브라함은 찾아온 손님을 어떻게 대접합니까(18:1-8)?

2 하나님께서 아브라함에게 어떤 좋은 소식을 전하셨으며(9-10), 이에 대한 사라의 반응은 어떠합니까(11-15)? 그러나 하나님께서는 어떻게 이들의 믿음을 도우십니까(14)?

3 하나님은 어떤 두 가지 사실을 아브라함에게 숨김없이 이야기하십니
   까(16-19, 20-21)? 여기서 하나님과 아브라함이 어떤 관계인 것을 알
   수 있습니까(약 2:23, 요 15:15)?

4 소돔과 고모라를 멸하시려는 하나님의 뜻을 알게 된 아브라함은 기도
   합니다(22-23). 아브라함의 기도 내용과 기도하는 자세에서 배울 점이
   무엇입니까(24-33)? 여기에서 '여러 민족의 아버지'로서 아브라함의 모
   습이 어떻게 나타나고 있습니까?

5 천사들이 소돔을 방문한 목적이 무엇이었으며(18:20-21, 19:1), 롯은
   이들을 어떻게 대접합니까(2-3)? 현재 그의 내면성과 영적 상태가 어
   떠한 것 같습니까?

6 외부에서 온 손님들에 대한 소돔 사람들의 태도가 어떠했으며(4-5), 롯
   은 이 문제를 어떻게 해결하고자 합니까(6-8)? 롯에게 해결할 능력이
   없자 누가 나섭니까(9-11)?

7 결국 천사들이 롯에게 알린 소식이 무엇이었으며(12-13), 이 소식에 대한 롯의 사위들의 반응이 어떠합니까(14)?

8 지체하는 롯의 가족들을 천사들이 어떻게 도와주었으며(16-22), 소돔과 고모라는 어떻게 되었습니까(23-25)? 롯의 아내는 어떻게 되었습니까(17, 26)?

9 하나님께서 롯을 구원하신 이유가 무엇입니까(27-29)? 중보기도의 중
  요성을 말해 보세요(29). 그럼에도 세상과 벗 삼아 산 자의 마지막 모습
  은 어떠했습니까(30-38)?

10 20장은 아브라함을 부르시고 벗 삼으신 하나님이 그를 도우시는 장면입
  니다. 아브라함의 습관적인 실수가 무엇입니까(1-2)? 아브라함은 왜 그
  랬습니까(11)? 불신자들도 주관하시는 하나님께서 아브라함을 어떻게
  도우십니까?

 삶의 자리

1 세상을 벗 삼아 살던 롯과 하나님을 벗 삼은 아브라함의 삶의 결과를 보면서 인생에 대해 어떤 지혜를 발견합니까?

2 롯을 위한 아브라함의 기도는 겸손하면서도 하나님의 성품에 호소하는 간절한 기도였습니다. 당신의 기도 모습은 어떠합니까?

삶의 자리 ✛
당신의 인생에서 가장 소중한 분(친구)에게 감사의 마음을 전하는 편지쓰기 혹은 연락하기

말씀의 자리 +

정말 의인 10명이 없어서 멸망했을까요?

롯을 구하기 위한 아브라함의 기도는 한마디로 확신과 겸손 그리고 롯에
대한 간절한 사랑이 배어 있는 기도였습니다. 그의 기도에는 하나님의 공
의와 사랑의 성품에 호소함으로 하나님의 긍휼을 구하고자 하는 믿음과
지혜도 돋보입니다. 그는 먼저 소돔과 고모라에 의인 50명이 있으면 멸하
지 않으실지를 묻습니다. 이렇게 하나님의 은혜를 구하는 기도는 의인 50
명에서 45명으로 그리고 45명에서 30명, 20명 그리고 10명까지 내려갔습
니다. 그런데 문제는 10명보다 더 적은 수의 의인이 있었으면 어떻게 되었
을까 하는 것입니다. 물론 당시의 사회적 제도로 볼 때, 사회의 최소 구성
단위가 10명이었기 때문에 10명까지를 경계선으로 삼았다고 말할 수도 있
습니다. 그러나 본문이 강조하고 있는 것은 사람의 수가 아니라, 당시 소돔
과 고모라에는 의인이 한 사람도 없었다는 사실입니다. 이를 통해 의인 한
사람이 얼마나 중요한지를 확인하게 됩니다. 우리가 하나님 앞에서 이 시
대의 의인으로 살아갈 때, 그것은 우리 자신에게도 그리고 세상에게도 큰
은혜가 됩니다.

11
아브라함의 경외하는 신앙

창세기 21:1-23:20, 25:1-10(22:12)

"사자가 이르시되 그 아이에게 네 손을 대지 말라 그에게 아무 일도
하지 말라 네가 네 아들 네 독자까지도 내게 아끼지 아니하였으니
내가 이제야 네가 하나님을 경외하는 줄을 아노라"

시작하는 이야기

선물에만 만족하고 선물 주시는 이의 귀중함을 모른다면 그 사람은 어리석은 사람입니다. 하나님은 중요한 순간에 그의 신앙이 무엇에 근거하고 있는지 그의 믿음을 시험하십니다. 하나님은 우리가 구원 얻는 신앙에서 멈춰버리기를 원치 않으시고 계속 자라가기를 원하십니다. 드디어 아브라함의 가정에 하나님이 약속하셨던 아들 이삭이 태어납니다. 더불어 아브라함은 이스마엘 문제와 아비멜렉과의 관계 문제를 해결해주시는 하나님을 만남으로 살아계시는 하나님을 체험하게 됩니다(21장). 시간이 흘러 하나님께서는 아브라함을 믿음의 조상으로 키우시고자 그의 믿음과 사랑을 시험하시고, 아브라함은 100% 믿음의 순종을 하여 하나님으로부터 그 믿음을 인정받습니다(22장). 오늘 말씀을 공부하면서 매 순간 우리가 의지해야 할 대상이 누구인지 깨닫고, 하나님이 우리에게 기대하시는 신앙이 무엇인지 배우는 시간이 되기를 바랍니다.

말씀의 자리

1 하나님이 말씀하신 대로 드디어 사라가 아들을 낳았습니다(21:1-2). 그 때 아브라함의 나이는 백 세였습니다(5). 아브라함은 아들에게 무엇을 행했습니까(3-4)? 아들을 얻은 사라의 소감은 무엇이었으며(6-7), 이 기쁨이 얼마나 컸을까요(8)?

2 아브라함의 가정은 어떤 문제로 근심에 빠지게 됩니까(9-11)? 하나님 께서는 어떻게 해결의 길을 가르쳐 주십니까(12-13)?

3 아브라함은 하나님의 지시에 어떻게 순종합니까(14)? 그때 아브라함의 심정을 생각해 보세요. 하나님께서는 하갈과 이스마엘을 어떻게 도우십니까(15-21)? 이스마엘을 내보낸 아브라함의 신앙 결단에서 배울 점을 말해보세요.

4 아브라함과 불가침조약을 맺기 위해 찾아온 아비멜렉의 말을 통해 볼 때 아브라함의 신앙생활이 어떠했던 것 같습니까(21:22-23)? 불가침조약 체결(24-27)과 우물 소유권을 확정한 후에(28-31), 아브라함은 하나님이 어떤 분이심을 새롭게 깨닫습니까(33)?
   * 브엘세바(31) : 일곱 우물, 맹세의 우물

5 하나님께서는 아브라함에게 언제, 어떤 시험을 하십니까(22:1-2)? 하나님의 말씀에 아브라함은 어떻게 반응합니까(3, 시 119:60)? 삼일에 걸쳐 하나님께서 지시하시는 곳에 가는 동안 아브라함의 마음이 어땠을까요?

＊ 시험(1) : 끈을이 덮어" 여라는 유혹(temptation)이 아니라 검심지기고서 히믿 참김(test)라 같은 것이다.

6 목적지에 도착해서 아브라함은 사환, 이삭과 어떤 대화를 합니까(5-8)? 아브라함은 이삭을 번제로 드리려고 어떻게 합니까(9-10)? 그때 무슨 일이 일어났습니까(11-12)? 하나님께서는 아브라함이 어떤 신앙을 가졌다고 인정해 주십니까?

＊ 번제(Burnt Sacrifice)의 잡은 것 같이 국님 슈 식을 까닥 분에 대림 어미덕에 ꞏ 라믘 워패믘

7 아브라함은 이삭 대신에 무엇을 번제로 드립니까(13)? 여기서 아브라함
   은 무슨 신앙의 비밀을 깨달았습니까(14)? 시험에 합격한 아브라함의
   믿음은 어떤 믿음입니까(22:6-8, 히 11:17-19)?

8 하나님께서 마지막 시험에 합격한 아브라함에게 주신 복된 약속이 무
   엇입니까(17-18)? 특히 여기서 '네 씨'는 누구를 가리킵니까(갈 3:16)?
   하나님이 주시는 복이란 무엇입니까(엡 1:3)?

9 23장은 사라가 127세에 죽어 헷 족속에게서 그녀의 매장지를 구하는
   장면입니다. 3-20절을 자세히 읽어보세요. ①헷 족속에게 끼친 아브라
   함의 영향력(5-6, 11, 15), ②그들에 대한 태도(4, 7, 12), ③값을 주고 매
   장지를 산 아브라함의 먼 미래를 내다보는 신앙에 대하여 말해보세요
   (9, 13, 16-20).

10 아브라함은 향년 몇 세입니까(25:7)? 아브라함과 그 후손들이 어디에
    묻히게 됩니까(25:7-11, 49:31, 50:13)?

 삶의 자리

1 당신은 하나님의 때, 하나님의 자녀(이삭)를 기다리지 못하고 이스마엘
로 만족하려는 조급한 마음은 없습니까? 인내의 신앙을 갖기 위해서
필요한 것은 무엇일까요?

2 하나님은 아브라함이 칭의의 신앙(15:6)에서 멈추지 않고 경외의 신앙
(22:12)까지 자라가길 원하셨습니다. 그리스도인은 믿음으로 구원 얻
는 것에만 만족할 것이 아니라 하나님을 온전히 주인으로 모시고 섬기
는 신앙까지 자라가야 합니다. 경외하는 신앙까지 자라가기 위해서 당
신에게 필요한 것은 무엇이라 생각합니까?

삶의 자리 +
하나님보다 더 소중히 여기는 것을 하나님께 드리기

말씀의 자리 +

모리아 산

브엘세바에서 삼일 길인 이 산은 아브라함 시대 이후 다윗과 솔로몬 그리고 온 이스라엘 백성들의 주 예배 처소로 여겨져 왔습니다. 이 산 위에는 예루살렘 성전이 건축되었으며, 백성들의 신앙의 중심부로 이어져 내려왔습니다. 이 산은 아브라함이 하나님의 믿음의 시험을 이기고 합격한 승리의 산이라는 점에서 의미가 있지만, 하나님께서 독생자 예수 그리스도를 화목제물로 삼으셔서 이루실 구원 역사의 계시적인 뜻을 보이셨다는 점에 더 큰 의미가 있습니다.

하나님의 시험과 사탄의 유혹

아브라함을 향한 하나님의 시험은 아브라함을 한 단계 성숙한 믿음의 조상으로 이끄는 데 필수적인 과정이었습니다. 다시 말하면 이는 '이삭의 아비'로 인생을 끝내느냐 아니면 하나님의 사람으로 온 인류의 '믿음의 조상'이 되느냐를 결정짓는 중요한 과정이었습니다. 반면, 사탄의 유혹은 어떻게 해서든지 아브라함이 아닌 아브람으로, 아브람에서 이삭의 아비로, 축소된 인생을 살도록 유도합니다. 사탄은 할 수 있는 대로 아브라함의 결단의 아픔을 덜어주려고 노력하면서 아브라함의 형편을 크게 이해해 주는 척합니다. 이처럼 하나님의 시험과 사탄의 유혹은 차이가 분명합니다. 하나님의 시험은 아픔을 수반하지만 사탄의 유혹은 달콤합니다. 사탄의 유혹은 할 수 있는 대로 고난(십자가) 없는 생활로 안내하며 자신의 형편을 돌아보도록 합니다. 그러나 아브라함은 침묵의 결단을 합니다. 그리고 모리아 산의 고통을 택합니다. 그는 하나님의 승리는 좁은 문 저쪽에 있다는 사실을 알았습니다. 결국 이삭이 아닌 하나님과 그의 말씀을 선택한 아브라함은 이삭도 얻고 하나님도 얻었습니다.

12

이삭의 결혼을
도우시는 하나님

창세기 24:1-67(60)

"리브가에게 축복하여 이르되 우리 누이여
너는 천만인의 어머니가 될지어다
네 씨로 그 원수의 성 문을 얻게 할지어다"

시작하는 이야기 ─────────────

청년 시절은 준비하는 시기입니다. 사회 구성원으로서 맡겨진바 주어진 일들을 어떻게 감당해야 하는지 일하는 자세를 배워야 하며, 자신을 가꾸고 관리하며 결혼을 준비해야 하는 시기입니다. 본문은 아브라함이 아들 이삭의 아내를 구하는 장면입니다. 아브라함은 노년이었지만 그 믿음이 연약하여지지 않고, 고향에서 며느릿감을 구합니다. 이 과정에서 아브라함의 충성스러운 종이 큰 역할을 하게 됩니다. 우리는 그에게서 맡은 바 임무를 어떤 자세로 감당해야 하는지 배워야 합니다. 또한 이삭의 아내로 결정되는 과정에서 보인 리브가의 모습 속에서 우리가 어떤 신앙의 각오를 가져야 되는지 배워야 하겠습니다. 이삭의 결혼을 도우시는 하나님의 모습을 보면서 일하는 자세와 결혼관을 배우는 시간이 되기를 바랍니다.

1 아브라함의 노년은 어떠했으며(1), 그의 종에게 누구를 가리켜 맹세하게 하고 무슨 명령을 내립니까(2-4, 신 7:3-4, 고후 6:14-16)?

2 종의 질문에 대한 아브라함의 답변 속에서 그의 신앙의 성숙도가 어떠함을 알 수 있습니까(5-9)?

3 아브라함의 대답을 들은 종은 어떻게 순종합니까(9-11)? 나홀의 성에
   도착한 아브라함의 종은 무엇으로 일을 시작합니까(12-14)?
   * 메소포타미아(10) : 티그리스강과 유프라테스강 사이의 고원지대로 비옥한 땅이다.

4 그의 기도 응답이 어떻게 이루어집니까(15-20)? 그는 이 과정을 어떻
   게 보았습니까(21, 27)?

5 33-49절은 하나님께서 이루신 역사에 대한 아브라함의 종의 진술입니다. 아브라함의 며느리를 구하는 과정에서 자신에게 주어진 사명에 대한 아브라함의 종의 자세는 어떠합니까(33, 49, 54, 56)?

6 리브가는 당시 사회적 분위기와는 다른 여성이었습니다. 그녀의 모습이 어떻게 소개되고 있습니까(16-19)?

7 리브가의 성숙한 내면성이 사람과 동물에게 어떻게 나타납니까(20, 25)?

8 갑작스러운 제안 앞에서 그의 가족은 어떻게 반응합니까(50-51)? 리
  브가의 가정 분위기가 어떠합니까(57, 60)?

　　* 우리는 가부를 말할 수 없노라(50) : 자신들은 결정할 수 없다는 말이 아니라,
　　하나님이 인도하심이 너무도 분명하기 때문에 거부할 수 없다는 뜻이다.

9 아브라함의 종의 설명을 들은 리브가는 어떤 믿음을 보입니까(58)? 성
   경에서는 어떤 여성을 칭찬합니까(잠 31:30, 벧전 3:1-6).

10 이삭과 결혼 후 리브가의 남편 내조(67)와 기도 생활이 어떠합니까
   (25:22)?

 삶의 자리

1 사명을 다하는 아브라함의 종의 자세와 비교해 볼 때, 당신은 평소 맡겨진 일들을 어떤 자세로 감당하고 있습니까?

2 장차 하나님이 축복하시는 믿음의 가정을 이루기 위해, 현재 나의 모습 속에서 변화되어야 할 점은 무엇입니까?

삶의 자리 ✛ ━━━━━━━━━━━━━
가까운 사람들(가족, 친구, 선후배 등)에게 자신의 장단점에 대해 물어보기

말씀의 자리 +

낙타 (창 24:10)

낙타는 중동지방에서 물건이나 사람을 수송하는 수단으로 사용되는데 인내심이 강하고, 먹지 않고서도 수일간 여행할 수 있습니다. 270~360kg의 짐을 실을 경우, 낙타는 시속 4km의 속도로 30시간을 걸을 수 있습니다. 또한 짐을 싣지 않을 때는 16km의 속도로 18시간 이상 질주할 수 있습니다. 그래서 낙타는 중동지방에 없어서는 안 될 운송 수단입니다.

이삭을 배우자로 선택하는 리브가의 결단을 어떻게 보아야 할까?

"네가 이 사람과 함께 가려느냐 그가 대답하되 가겠나이다"(58). 이 구절만 보면 이삭과 리브가의 결혼에 있어 리브가의 결단이 결정적인 계기가 된 것 같은 느낌을 받습니다. 결혼에 있어 자칫 주변의 어떤 것보다도 자신의 결정이 가장 중요한 것처럼 보입니다. 그런데 정말 그럴까요? 본문의 배경을 자세히 보면 리브가의 결단은 이미 앞서 이루어진 가족들의 결단(24:50-51)과 연관이 있다는 것을 알 수 있습니다. 다시 말하면 하나님의 인도하심에 대한 부모와 가족들의 동의가 함께 이루어졌다는 것입니다. 이 가운데 리브가는 자신의 판단에 결정적인 확신을 갖게 됩니다. 그러니까 리브가는 가족의 의견과 관계없이 이삭을 선택했다기보다는 가족들과 함께 이 문제를 공유한 가운데 결단을 내렸던 것입니다. 성경에서는 어느 한 개인을 이야기 할 때 대부분 '누구의 아들'이라고 해서 그 아비의 이름을 동시에 소개합니다. 이는 하나님께서 자녀를 그 부모에게 맡겨 양육하도록 하셨음에 대한 증거라고 볼 수 있습니다. 따라서 자녀들의 모든 문제는 자신의 것일 뿐 아니라 부모와 가족의 문제가 됩니다. 이를 통해 볼 때 리브가의 선택은 가족의 선택이었고 또한 하나님의 선택이었습니다.

13
온유한 사람 이삭

창세기 26:1-35(22)

"이삭이 거기서 옮겨 다른 우물을 팠더니
그들이 다투지 아니하였으므로 그 이름을 르호봇이라 하여 이르되
이제는 여호와께서 우리를 위하여 넓게 하셨으니
이 땅에서 우리가 번성하리로다 하였더라"

시작하는 이야기

　성숙한 신앙인은 성숙한 성품을 갖고 있습니다. '온유'는 하나님 자녀의 대표적인 성품이라 할 수 있습니다. 하지만 모든 성도들이 온유한 성품을 소유하고 있지는 않습니다. 온유한 성품을 소유하기 위해서는 그리스도에 대해 잘 배우고 그리스도를 닮아가고자 하는 노력이 필요합니다. 오늘 본문에 등장하는 이삭은 온유한 사람의 대표자라고 할 수 있습니다. 이삭은 조용한 사람이라는 이미지를 가지고 있습니다. 그래서 겉으로 볼 때는 연약하여 계속 당하기만 하는 것처럼 보입니다. 그러나 그는 승리자의 큰 비밀을 가지고 있었습니다. 다투기보다는 양보를, 재물보다는 사람을 택하는 큰 지혜를 가지고 있었습니다. 이번 공부를 통해 온유한 성품을 가질 수 있는 비결을 깨달을 수 있기를 바랍니다.

 말씀의 자리

1 이삭은 어떤 사람으로 소개되고 있습니까(24:63, 25:19-21, 28)?

2 이삭이 부딪힌 문제는 무엇이었으며, 이삭은 이를 어떤 방법으로 해결
하려고 합니까(26:1)?

3 이러한 이삭에게 하나님께서는 무슨 명령과 약속을 주십니까(2-5)?
   애굽으로 가지 않고, 그렇다고 다시 돌아가지도 않은 이삭은 결국 어디
   에 거하게 됩니까(6)?

   *그랄(6) : 곡식이 풍성한 곳이다. 지금의 '가자' 지역에서 약 15km 떨어진 곳으로
    약속의 땅과 애굽의 경계 지점이라고 볼 수 있다.

4 그랄에 거한 이삭은 왜, 무슨 거짓말을 하게 되며 결국 어떤 결과를 가
   져오게 됩니까(7-11)?

5 하나님께서는 이삭에게 어떤 복을 주십니까(12-14)? 이로 인해 이삭은 어
   떤 어려움을 겪게 되며, 이 과정에서 이삭은 어떻게 반응합니까(14-22)?

6 그랄이야말로 이삭이 직면한 문제에 대한 해결책이 될 줄 알았지만, 오
   히려 그곳은 실패와 아픔의 장소였습니다. 이삭이 그랄에서의 경험을
   통해 새롭게 깨달은 것은 무엇일까요?

7 결국 이삭은 그랄에서 어디로 이동합니까(23)? 하나님께서는 어떤 말
   씀으로 이삭을 위로하십니까(24)?

8 아비멜렉이 무슨 이유로 이삭을 찾아왔으며(26-29), 이삭은 이들을 어
   떻게 영접합니까(30-31)?

9 아비멜렉 일행을 온유함으로 대해준 이삭을 하나님은 어떻게 격려해 주십니까(32-33)? 온유한 성품은 어떤 믿음이 있어야 가능할까요(잠 25:21, 롬 12:19)?

 삶의 자리

1 정당한 권리를 가졌음에도 불구하고 양보하는 이삭의 모습은 어리석은 것처럼 보일 수도 있습니다. 오늘날 이와 비슷한 상황에 처한다면 어떻게 하는 것이 지혜로운 대처일까요?

2 당신에게 온유한 성품이 덧입혀지기 위해서 어떤 부분의 훈련이 더 필요하다고 생각합니까?

삶의 자리 ✚ ─────────
화가 나는 상황에서도 예수님을 생각하며 온유함으로 이겨내기 우물을 계속하여 양보하는 이삭의 행동은 과연 지혜로운 것일까?

이삭은 답답하리만큼 우물을 자주 빼앗깁니다. 빼앗기지 않을만한 능력과 힘이 있는데도 마치 기다렸다는 듯이 양보하고 다른 우물을 찾습니다. 당시 유일한 식수 공급원인 우물은 사람과 가축의 생명유지에 꼭 필요한 것이었습니다. 그래서 우물의 소유권은 전쟁의 원인이 되기도 하고 부의 상징이 되기도 했습니다. 그런데 이삭은 블레셋 사람들의 요구에 싸움 한 번 하지 않고 순순히 우물을 내어주고 또 다른 우물을 팝니다. 과연 이런 행동은 옳은 일일까요 아니면 바보 같은 짓일까요? 이런 식의 양보는 결국 블레셋을 더욱 악하게 만들고, 하나님의 사람이 힘없는 것 같이 비쳐서 현대인들의 사고방식으로는 도무지 이해하기 힘듭니다. 그러나 이런 반응은 이삭이 가지고 있었던 승리의 비밀을 모르고 있기 때문입니다. 이삭은 이미 그랄의 실패 속에서 기근을 근본적으로 해결할 수 있는 방법은 하나님으로부터 온다는 사실을 경험하고 공부한 상태였습니다. 그래서 그는 겉으로 볼 때는 계속하여 우물을 빼앗기는 것 같았지만 실제로는 무궁무진한 하나님의 우물을 계속하여 얻고 있었습니다. 결국 우물을 내어주는 이삭의 행동은 연약한 행동이 아니라 가장 강한 믿음의 행동이었던 것입니다.

14
벧엘에서의 신앙 체험

창세기 25:19-34, 27:1-28:22(28:16-17)
"야곱이 잠이 깨어 이르되 여호와께서 과연 여기 계시거늘
내가 알지 못하였도다 이에 두려워하여 이르되 두렵도다 이 곳이여
이것은 다름 아닌 하나님의 집이요 이는 하늘의 문이로다 하고"

시작하는 이야기

　한 사람의 인생은 그가 어떤 가치관을 가지고 사느냐에 따라 절대적인 영향을 받게 됩니다. 따라서 젊은 시절에 가치관과 결혼관 등 바른 세계관을 형성하는 것이 중요합니다. 본문에는 육체적인 욕구를 중시하는 에서와 명예와 명분을 중시하는 야곱이 대조되어 나옵니다. 또한 계속되는 사건을 겪으면서 자기중심적이고 현세적인 가치관을 따르고 있던 야곱이 자신을 되돌아보고 점점 믿음의 조상으로 성장하는 모습이 나타납니다. 오늘 본문을 통해 성경적인 가치관과 영적 체험의 중요성을 배울 수 있기를 바랍니다.

1 이삭은 결혼 후 20년이 지난 후에야 자식을 얻게 됩니다(25:20-26). 태중에 있을 때 하나님이 야곱에게 두신 뜻이 무엇이며, 그는 어떻게 태어났습니까(23, 26)?

2 25:27-34절은 야곱과 에서의 가치관을 확인할 수 있는 장면입니다. 야곱이 어떻게 장자의 명분을 얻게 됩니까? 두 사람의 가치관과 결혼관(28:1-9)은 어떻게 다릅니까?

3 야곱이 아버지를 속여 축복을 받아내는 과정을 살펴보세요(27:1-40). 이삭, 리브가, 야곱, 에서의 잘못이 각각 무엇입니까?

4 아버지 이삭으로부터 축복받기는 했지만, 결국 야곱은 어떻게 되었습니까(27:41-46, 28:5)?

5 형을 피해 밧단아람으로 가던 중에 야곱이 어떤 꿈을 꾸게 되었으며, 그가 하나님께 받은 약속과 복은 무엇입니까(11-15)?

  * 밧단아람(25:20, 28:2) : 하란 근처에 있는 북쪽 메소포타미아 지역

  * 야곱은 아버지 이삭(브엘세바)을 떠나 외삼촌 라반의 집이 있는 하란의 밧단아람으로 향하던 중 벧엘에서 하나님을 만나게 된다(28:10 이하). 브엘세바에서 벧엘까지의 거리는 약 96km 정도 되고, 벧엘에서 하란 근처의 밧단아람까지는 도보로 한 달 이상 걸리는 거리이다.

6 꿈에서 깨어난 야곱이 깨달은 바가 무엇이며, 야곱은 하나님과 만난 사
실을 어떻게 기념합니까(16-19)? 또한 야곱은 하나님께 어떤 서원을 합
니까(20-22)?

7 벧엘은 야곱의 인생에서 어떤 중요한 의미가 있습니까(31:13, 35:6-7, 48:3)?

 삶의 자리

1 히브리서 12:16절은 죽 한 그릇에 장자의 명분을 팔아버린 에서를 망령된 자로 표현합니다. 당신은 당장의 물질적 이익과 배부름을 위해 하나님이 주신 영적인 복과 은혜를 소홀히 여기지는 않습니까(롬 1:23, 빌 3:7-9, 엡 1:18-19)?

2 당신이 하나님을 인격적으로 만나고 체험한 벧엘은 어디입니까? 야곱에게 복 주신(28:13-15) 하나님께서 당신에게 주신 약속과 복은 무엇입니까(마 28:20, 엡 3:6, 약 1:12, 2:5, 요일 2:25)?

삶의 자리 ✦
나를 만나 주신 하나님의 은혜와 사랑 앞에서 한 가지 새롭게 결단하기

과연 장자의 명분을 사고팔거나 축복을 빼앗을 수도 있는 것일까?

고대 사회에서 장자의 명분은 아버지의 권위 계승뿐 아니라 재산 상속에 있어 다른 형제들보다 두 배의 권리를 갖는 특별한 것이었습니다. 특히 장자의 명분에는 가정에서 아버지를 대리하는 제사장적 위치에 설 수 있는 특권도 포함되어 있었습니다. 그러나 이 장자권은 다른 형제에게 양도가 가능했으며 아버지의 뜻에 따라 그 권한이 정지될 수도 있었다고 합니다.

야곱의 삶을 어떻게 받아들여야 할까?

야곱은 에서로부터 도피하는 길에 꿈을 꾸게 됩니다. 사닥다리가 땅에서 부터 하늘에 닿았고, 하나님의 사자가 오르락내리락하며 그 가운데 하나님의 말씀과 약속이 있는 꿈이었습니다. 이를 소위 '사닥다리 환상'이라고 합니다. 이는 장차 그리스도를 통해 이루실 구원역사를 계시적으로 보이신 것입니다. 그러나 야곱 개인적인 면에서 본다면 하나님께서는 이 꿈을 기초로 야곱의 인생 속으로 들어오셨습니다. 그러면 이 꿈을 어떻게 보아야 할까요? 꿈을 통한 환상은 지금도 계속되고 있을까요? 아직 성경이 완성되지 않았을 때는 하나님께서 꿈을 통한 자기 계시를 얼마든지 사용하셨습니다(20:3, 28:12, 31:11-13). 물론 지금도 하나님께서는 꿈을 통해 말씀하실 수 있습니다. 그러나 지금은 성경이 완성된 시대입니다. 하나님께서는 이제 완성된 성경을 통하여 너무도 선명히 모든 것을 보이시고 성취하고 계십니다.

"옛적에 선지자들을 통하여 여러 부분과 여러 모양으로 우리 조상들에게 말씀하신 하나님이 이 모든 날 마지막에는 아들을 통하여 우리에게 말씀하셨으니..."(히 1:1-2)

15

야곱을 훈련시키시는 하나님

창세기 29:1-31:55(31:42)

"우리 아버지의 하나님, 아브라함의 하나님 곧 이삭이 경외하는 이가
나와 함께 계시지 아니하셨더라면 외삼촌께서 이제 나를 빈손으로
돌려보내셨으리이다마는 하나님이 내 고난과 내 손의 수고를 보시고
어제 밤에 외삼촌을 책망하셨나이다"

시작하는 이야기

밧단아람에서의 야곱의 생활이 본격적으로 시작됩니다. 욕심과 꾀가
많은 야곱은 예상과는 달리 외삼촌 라반의 집에서 많은 고초를 겪게 됩니
다. 그러나 지나고 보니 야곱에게 이곳은 하나님을 새롭게 만나며 그의 인
생이 근본적으로 바뀌는 귀중한 훈련의 장소였습니다. 하나님은 야곱을
믿음의 조상으로 인정하시기 전에 믿음의 조상다운 성품을 갖도록 훈련시
키십니다. 성실 훈련, 책임감 훈련, 정직 훈련, 인내 훈련 등등. 이런 훈련들
은 훗날 야곱이 자신과 가문의 믿음을 세우는데 귀하게 쓰임 받게 됩니다.

1 야곱이 라헬을 만나는 과정은 어떠하며, 야곱은 라헬을 얼마나 사랑했습
   니까(29:1-20)?

2 야곱의 결혼과 관련하여 라반은 야곱을 어떻게 속입니까(21-30)? 사랑하
   는 아내를 얻는 과정이었음에도 속임 당한 야곱의 마음이 어떠했을까요?

3 결혼 이후 레아와 라헬은 아들 낳기 경쟁을 합니다(29:31-30:24). 이
들이 아들을 낳고자 하는 이유가 무엇입니까(32-34, 30:1, 8)?
  * 합환채(14) : 당시 사람들은 이 식물의 뿌리가 사람의 하반신 모양과 비슷하다
    고 하여 이것을 먹으면 임신할 수 있다고 믿었다.

4 야곱이 낳은 열두 아들의 이름을 낳은 순서대로 적어보세요(29:30-
30:24, 35:18). 누구의 자손을 통해 메시아가 탄생했습니까(히 7:14)?

5 14년 후 야곱의 요청은 무엇이며(30:25-26), 라반의 제안은 무엇입니까(27-28)? 결국 품삯은 어떻게 하기로 합니까(29-36)?

6 야곱은 어떤 방법으로 재물을 모았습니까(37-43)?

7 야곱은 라반과 계약을 맺은 이후 6년 동안 많은 재물을 얻게 됩니다 (25-43). 많은 재물을 얻은 야곱이 고향으로 돌아가려는 결정을 하게 된 동기가 무엇입니까(31:1-3, 13)?

8 야곱이 두 아내를 불러 자신의 계획을 말하자(31:4-13), 아내들의 반응 은 어떠했습니까(14-16)? 아내들을 설득하는 과정에서 야곱의 신앙이 어떠함을 엿볼 수 있습니까?

9 야곱은 라반에게 말하지 않고 도망가듯 자기 고향으로 급하게 출발합
   니다(17-20). 하나님은 도망하는 야곱을 어떻게 도우십니까(21-29)?
   라헬은 야곱과 라반의 관계를 어떻게 힘들게 만들었습니까(30-35)?

10 라반의 수색이 헛수고가 되자 이에 대해 야곱이 라반을 어떻게 책망
    합니까(36-42)? 결국 둘 사이에 무슨 언약을 맺게 됩니까(43-55)?

 삶의 자리

1 야곱은 팥죽 한 그릇으로 장자의 명분을 사고, 아버지 이삭을 속여 장자가 받을 축복까지 빼앗은 자였습니다. 또한 아내를 얻기 위하여 14년을, 그리고 재물을 얻기 위하여 6년을 한결같이 일한 자입니다. 이러한 야곱을 철저히 속이고 이용했던 라반을 통해 하나님께서는 야곱에게 어떤 훈련을 주시고자 하셨을까요?

2 밧단아람에서 맡겨진 양 떼들을 최선을 다해 돌보는 야곱을 보면서 배울 점은 무엇입니까? 하나님은 당신에게 어떤 훈련을 시키고 계십니까?

삶의 자리 ✛ ─────────
변화와 성장을 갈망하며 간절히 기도하기

야곱은 라반과의 품삯 계약 후 독특한 방법으로 그의 재산을 늘려나갔습니다. 그는 양이나 염소 중에 자신의 몫인 아롱지거나 점이 있거나 아니면 검은 것을 얻기 위해 기발한 방법을 씁니다. 버드나무와 살구나무 그리고 신풍나무의 가지를 취하고 그 껍질을 벗긴 후 흰 무늬를 내어 물을 먹는 양 떼들 앞에 놓았을 때, 그 양 떼들이 낳은 새끼는 꼭 자신의 몫이 되었습니다. 과연 이런 방법은 가능할까요? 물론 현대의 유전학적인 관점에서 본다면 이것은 결코 가능한 일이 될 수가 없을 것입니다. 그렇다면 야곱에게는 이것이 어떻게 가능했을까요? 이는 야곱이 하나님의 약속(31:12)을 기초로 하여 자신이 할 수 있는 최선의 방법이라고 여기고 열심을 다했기 때문입니다. 하나님께서는 야곱에게 벧엘에서 약속하시고 그 약속에 따라 야곱을 인도하고 계셨습니다. 그렇기에 이 일은 이제 벧엘의 약속대로 야곱을 그의 고향으로 (수고의 정당한 대가를 가지고) 돌아가도록 하기 위하여 하나님이 직접 이루신 것이었습니다. 하나님의 방법은 하나님의 목적에 따라 시간과 공간을 초월하여 모든 것을 가능하게 합니다. 이것은 사람들이 생각하는 미신적인 것과는 분명히 다른 것입니다.

16

야곱의 이름을
바꿔주신 하나님

창세기 32:1-32(28)

"그 사람이 가로되 네 이름을 다시는 야곱이라 부를 것이 아니요
이스라엘이라 부를 것이니 이는 네가 하나님과 사람으로 더불어
겨루어 이기었음이니라"

시작하는 이야기

얍복 나루터는 야곱에게 변화의 현장입니다. 야곱은 감춰져 있었던 과거 자신의 죄 앞에 노출되었을 때 밀려오는 두려움을 이길 수 없었습니다. 그는 죄는 결코 사라지지 않는다는 것을 깨닫게 됩니다. 야곱은 하나님과 만난 자리에서 이 사실을 인정하고 싶지 않았습니다. 하나님을 자기의 힘으로 이기고 싶었습니다. 그는 자신의 힘으로 하나님을 이겨놓고도 이긴 것이 아님을 깨닫고서야 하나님께 굴복합니다. 진짜 축복은 하나님께 자신을 굴복시키는 것입니다. 하나님은 야곱에게서 참된 변화가 일어나기까지 신실하게 동행하시며 도와주셨습니다. 나와 동행하시는 하나님 앞에 무릎 꿇을 수 있는 여러분 되기를 바랍니다.

1 하나님은 고향으로 돌아가는 야곱을 어떻게 보호하십니까(32:1-2)?

　　* 하나님의 사자들(1) : 천사들
　　* 새역(3) : "힘찬 실래하는 뜻으로, 후에 예익에 모으는," 후일가 하나님 군대,
　　대하 20:10).

2 그럼에도 불구하고 야곱은 무슨 문제 때문에 두려움에 시달리고 있습
　　니까(3-5, 11, 20)?

3 야곱은 에서와의 문제를 해결하기 위해 어떤 방법을 취하게 됩니까(3-5)?

4 에서에 대한 두려움 때문에 나름의 강구책을 취했지만, 여전히 불안함이 있는 야곱(6-8)이 무슨 행동을 하게 됩니까(9-12)? 기도 후에 다시금 그가 취한 강구책은 무엇입니까(13-23)?
   * 얍복(22) : 갈릴리 바다와 사해 중간에 위치한 요단강의 지류, '씨름더리'란 = 의미.

5 야곱이 홀로 있던 그 밤에 무슨 일이 있었습니까(24)? 하나님의 사자가
  왜 허벅지 관절을 쳤습니까(25)? 그 뜻이 무엇이라고 생각합니까?

6 야곱이 사람의 모습으로 나타난 하나님께 무엇을 구합니까(26, 호
  12:3-4)? 그동안 그가 추구했던 복들은 무엇이었습니까(25:33, 27:35,
  29:20, 30:42-43)?

7 하나님께서는 야곱을 어떻게 축복하셨습니까(27-29)?

8 야곱이란 이름과 이스라엘이란 이름의 뜻이 각각 무엇입니까? 하나님
께서 야곱의 이름을 바꾸어 주신 의미가 무엇입니까(고후 5:17)?

16 16과 야곱의 이름을 바꿔주신 하나님

9 야곱은 그곳의 이름을 무엇이라고 불렀습니까(30)? 야곱이 브니엘을
   지날 때의 모습이 어떠했을까요(31)?

133

 삶의 자리

1 얍복강에서 참된 복을 구함으로 '이스라엘'로 축복받는 야곱의 모습을
볼 때 하나님이 우리에게 주시고자 하시는 참된 복은 무엇이며, 그러한
복을 누리기 위해서는 어떤 신앙의 자세가 필요하다고 생각합니까?

2 당신의 얍복강은 어디입니까?

삶의 자리 +

감춰두었던 죄를 회개하고, 그 사람에게 용기 내어 용서를 구하기

말씀의 자리 +

하나님의 사자와 씨름한 야곱

얍복 강가에서 하나님의 사자와의 씨름은 야곱에게 처절하리만큼 심각하고도 고통스러운 것이었습니다. 그 씨름은 허벅지 관절이 어긋날 정도로 강렬했습니다. 그러나 이 씨름은 야곱이 이스라엘이라 불리게 되는 위대한 사건이었습니다. 그런데 야곱의 이름이 바뀐 것이 왜 복일까요? 야곱은 자신의 이름의 뜻인 '속이는 자'를 생각하면서 자신의 죄성을 발견했습니다. 자신이 그동안 형을 속이고, 아버지를 속이고, 자신과 하나님마저 속이려 했던 사기꾼이라는 사실을 깨닫게 된 것입니다. 그는 자신의 무기력함을 인정하고 하나님으로부터 새로워지고자 하는 간절함 속에서 '참된 복'(변화되어 새로워지는 인생)을 구하게 되었습니다. '이름'은 그 사람의 인격이자 삶을 말합니다. 야곱은 이름이 바뀜으로 '속이는 인생', 즉 실패자의 인생이 아니라, 하나님으로부터 말미암은 '승리자의 인생'이 되었습니다. 그래서 야곱은 이것을 믿음으로 영접하고 그 자리에서 일어나 얍복강을 건널 수 있게 되었습니다.

야곱은 이스라엘, 즉 '하나님과 씨름하여 이긴 자'라는 이름을 갖게 되었습니다. 이는 이제는 자신이나 사람이 아닌 '하나님만을 의지하는 데 성공한 자'라는 뜻입니다. 참으로 명예스러운 이름이 아닐 수 없습니다. 얍복강가 이전의 야곱의 인생이 자신을 높이며 자신을 부요케 하기 위한 싸움이었다면, 이제 후로는 하나님을 높이며 하나님을 의지하는 싸움의 인생으로 변하게 되었습니다. 그런데 여기서 중요한 것은 이 얍복 강가의 브니엘의 체험은 이미 벧엘의 서원과 함께 하나님께서 짜 놓으신 야곱의 인생 훈련코스였다는 사실입니다. 지금 우리에게 주어진 이 순간, 이 과정도 하나님께서 그의 자녀에게 기쁘게 주시고자 하시는 사랑의 훈련입니다. 이것을 기억하며 주님을 인격적으로 체험하는 은혜가 있기를 바랍니다.

17

엘벧엘의 하나님

창세기 33:1-36:43(35:14-15)

"야곱이 하나님이 자기와 말씀하시던 곳에 기둥 곧 돌 기둥을 세우고
그 위에 전제물을 붓고 또 그 위에 기름을 붓고
하나님이 자기와 말씀하시던 곳의 이름을 벧엘이라 불렀더라"

시작하는 이야기

신앙은 우리의 필요를 채우고 문제를 해결하기 위해서 하나님의 능력을 빌리는 수단이 아닙니다. 신앙적인 삶은 나를 구원하신 하나님을 믿고 그 말씀을 따라 사는 삶이며, 나를 구원하신 하나님께 내 삶을 드리는 것을 최고의 기쁨으로 여기는 삶입니다. 야곱은 하나님의 보호하심 속에서 극적으로 형과 은혜로운 만남을 이루었지만, 이후 다시 과거와 같이 안주하려는 태도를 보이고 맙니다. 야곱의 귀환은 언뜻 보면 성공하는 듯 보이기도 하지만 아직 야곱에게 남아있는 옛사람의 기질 때문에 그는 다시 한번 어려움에 부딪히게 됩니다. 결국 그는 엉뚱하게도 세겜에 장막을 치고 정착 준비를 하며 현실에 안주하려고 합니다. 그럼에도 불구하고 하나님께서는 야곱의 옛 서원 장소에서 엘벧엘의 하나님으로 야곱을 만나 주십니다. 오늘 말씀을 통해 나의 신앙의 상태는 어떠한지 점검해보고, 내 인생의 엘벧엘을 다시 세울 수 있길 바랍니다.

말씀의 자리

1 에서를 만나는 야곱의 태도가 어떻게 달라졌습니까(33:1-15, 32:7, 11)?

2 에서의 문제가 해결된 후 야곱은 어디로 가서 무엇을 합니까(16-17)?
야곱이 형을 따라 세일로 가지 않은 이유는 무엇입니까(13-14, 17)?

3 세겜 성은 어디에 있으며, 야곱은 세겜에서 무엇을 합니까(18-20)? 그
곳 이름을 '엘엘로헤이스라엘'이라 부른 것이 왜 중요합니까(31:3, 13,
32:9)?

＊ 세겜(33:18) : 지난날 아브라함이 가나안 땅 벧엘에 오면서 통과했던 가나안의
관문 도시이다. 그러나 야곱은 거저 가는 곳이 아닌 정착의 장소로 정하여 값을
지불하고 땅을 산 후 단을 쌓았다.

4 야곱이 세겜에서 하나님을 믿지 않는 가나안 족속들과 오래 사는 동안
무슨 사건이 있었습니까(34:1-2, 25-31)? 이 사건을 통해 야곱의 가정
분위기와 야곱의 신앙에 대해 무엇을 알 수 있습니까?

5 세겜에서 실패한 야곱에게 하나님께서는 어떤 방향을 제시해 주시며
   (35:1), 이에 대해 야곱은 어떻게 순종합니까(2-4)? 야곱이 이렇게 행
   한 이유가 무엇입니까?

6 벧엘로 향하는 야곱 일행을 하나님께서는 어떻게 보호하시며(5-6), 벧
   엘에 이른 야곱은 그곳의 이름을 무엇이라고 불렀습니까(7)? 여기서 야
   곱의 신앙이 어떻게 성장했음을 알 수 있습니까(28:19-22, 35:7)?

7 하나님께서는 엘벧엘에서 야곱에게 무슨 축복의 약속을 주셨습니까
   (9-13)? 이 말씀이 야곱에게 왜 중요합니까? 야곱이 하나님의 말씀을
   듣고 어떻게 했습니까(14-15)?

8 야곱이 가나안에서 이동하는 과정에서 어떤 불행한 일들이 일어났습니
   까(16-20, 21-22)? 야곱의 열두 아들의 이름을 정리해 보세요(23-26).

9 야곱이 아버지 이삭과 화해했음을 어떻게 알 수 있습니까(27-29)? 처음 그 자리로 돌아오기까지 야곱에게 어떤 변화들이 있었습니까?

10 36장은 에서의 자손(1-19), 세일의 자손(20-30), 에돔의 왕들(31-43)에 대한 기록입니다. 이 부분을 한 번 읽어보세요.

 삶의 자리

1 하나님의 보호하심을 온전히 신뢰하지 못하고 현실에 안주하여 타락의 도
   시 세겜을 선택한 야곱과 그의 가족은 엄청난 아픔을 겪게 되었습니다. 당
   신은 하나님의 인도하심을 신뢰하며 말씀대로 행하고자 하고 있습니까?

2 당신도 엘벧엘에서의 야곱처럼 하나님과의 관계가 회복되었던 은혜를
   경험한 적이 있습니까? 지금 당신의 인생을 하나님은 어떻게 평가하고
   계실까요?

삶의 자리 ✛
과거에 하나님을 만났던 경험을 되새겨보고,
약속과 소망에 근거한 유언장 써보기

브니엘의 체험을 했음에도 야곱은 왜 세겜을 택했을까?

야곱이 브니엘에서 체험했던 사건은 그를 완전히 새롭게 변화시킬 수 있을 정도로 큰일이었습니다. 이후 그는 벧엘의 서원을 이루며 하나님 중심의 생활을 세워나가기만 하면 되었습니다. 그러나 야곱은 벧엘이 아닌 세겜을 택하여 아예 그곳에 장막을 쳤고 값을 지불하여 땅을 구입했습니다. 이를 볼 때 야곱은 아예 그 자리에 안주하여 정착하고자 했던 듯합니다. 야곱은 왜 그랬을까요? 숙곳과 세겜이라는 곳은 가축 사육이 용이할 뿐만 아니라 이미 번화한 도시로 알려진 곳입니다. 그렇기 때문에 야곱에게는 벧엘보다는 세겜이 훨씬 더 안정되게 보였을지도 모릅니다. 그러나 더 중요한 이유는 35장 1절에서 찾을 수 있습니다. "하나님이 야곱에게 이르시되 일어나 벧엘로 올라가서 거기 거주하며...". 하나님께서는 야곱과의 약속 가운데 그를 인도하고 계셨지만, 야곱은 하나님의 명령보다 그의 형편을 우선시했습니다. 하나님께서는 벧엘에서 야곱에게 하신 약속을 기억하시고 오랜 시간이 지난 후에도 약속을 이행하고자 하셨지만, 야곱은 하나님보다 자신의 상황을 절대적으로 우선시하는 이기적인 모습을 보였습니다. 사람은 누구나 벧엘과 세겜 사이에서 갈등할 수 있습니다. 그러나 이것은 본질적으로 하나님의 약속의 말씀과 자신의 상황 그리고 현실을 따지는 자아가 충돌하는 것임을 알아야 합니다. 따라서 우리는 매일 하나님 앞에서 자신을 새롭게 해야 합니다. 그럴 때 우리는 자신의 욕심보다 하나님의 뜻을 더 우선하여 살아갈 수 있을 것입니다.

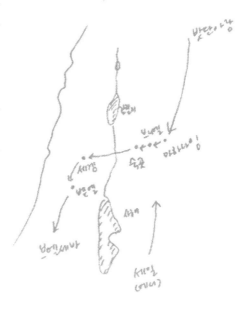

18
꿈꾸는 청년 요셉

창세기 37:1-36, 39:1-40:23(37:9)

"요셉이 다시 꿈을 꾸고 그의 형들에게 말하여 이르되
내가 또 꿈을 꾼즉 해와 달과 열한 별이 내게 절하더이다 하니라"

시작하는 이야기

"난 꿈이 있어요~" 많은 사람들이 꿈을 꾸고 꿈을 노래하지만 정작 꿈을 이루는 사람은 많지 않습니다. 하나님으로부터 말미암는 꿈은 꿈꾸는 자를 먼저 연단시키는 속성이 있습니다. 이는 꿈꾸는 자가 꿈을 감당할 수 있어야 하기 때문입니다. 요셉의 어린 시절은 꿈 이야기로부터 시작됩니다. 하지만 꿈꾸는 자는 곧 미움을 받고 죽기 직전까지 갔다가 결국 애굽에 노예로 팔려갑니다(37장). 애굽에 팔려 온 요셉은 친위 대장 보디발의 집에 팔리고 모함으로 감옥에까지 가게 됩니다. 그러나 그의 생활은 놀라울 정도로 한결같았으며, 그는 결국 하나님의 사람으로 인정을 받았습니다(39-40장). 요셉은 하나님께서 아브라함, 이삭, 야곱을 통해서 씨를 뿌려 맺으신 창세기의 열매로, 예수님의 모습을 그려 주고 있습니다. 요셉을 통하여 꿈꾸는 자가 가져야 하는 태도와 요셉과 동행하시는 하나님이 어떤 분이신지를 배워야 하겠습니다.

1   요셉이 형들에게 미움을 받게 된 이유는 무엇입니까(37:1-11)? 야곱의
    가정 분위기가 어떠했겠습니까?

2   야곱은 요셉에게 무슨 일을 시켰으며 요셉은 그 일을 어떻게 감당했습
    니까(12-17)? 이 사건에서 요셉에게 배울 점은 무엇입니까?

3 요셉이 오는 것을 본 형들의 반응은 어떠했으며(18-24), 그때 요셉의
   심정은 어땠을까요? 결국 요셉은 어떻게 되었습니까(25-28, 36)?

4 요셉의 형들은 아버지에게 무슨 거짓말을 했습니까(29-32)? 이때 아버
   지 야곱은 얼마나 슬퍼합니까(33-35)? 요셉의 형들의 악한 본성에 대
   해서 생각해 보세요(약 3:16).

5 요셉을 노예로 산 보디발은 어떤 사람입니까(39:1)? 요셉의 청년 기간 (17~27세) 동안 누가 함께 했으며, 그의 삶이 어떠했습니까(2-6)?

6 보디발의 집에서 요셉은 어떤 유혹을 받게 되며(7), 그는 어떻게 반응합니까(8-12)?

7 요셉이 감옥에 가게 된 이유가 무엇입니까(13-20)? 보디발의 집에서나 감옥에서나 요셉의 생활에서 공통되는 점이 무엇입니까(21-23)?

8 요셉이 감옥에 있는 동안 누구를 수종들게 되었습니까(40:1-4)? 요셉은 이들을 어떻게 돌봐줍니까(5-8)?

9 술 맡은 관원장과 떡 굽는 관원장의 꿈은 각각 무엇이며, 요셉은 이들의 꿈
을 어떻게 해석해 줍니까(9-19)? 그 꿈은 어떻게 이루어졌습니까(20-23)?

10 요셉은 꿈을 해석해 주면서 어떤 희망을 품게 되었습니까(14-15)? 그
런데 요셉은 왜 감옥에서 나오지 못했습니까(21-23)?

 삶의 자리

1 하나님은 요셉에게 꿈을 주셨습니다. 그와 동시에 안팎으로 시련을 겪게도 하셨습니다. 왜 꿈꾸는 자는 역경에 직면하게 될까요? 당신에게도 꿈이 있습니까?

2 요셉은 비록 억울하게 가게 된 감옥이었지만 감옥에서조차 모범적인 생활로 인정받았습니다. 이것을 볼 때 꿈꾸는 자가 가져야 하는 기본 태도는 무엇일까요?

삶의 자리 +
꿈을 그려보고 인생 마스터플랜 작성하기

요셉의 꿈을 어떻게 보아야 할까?

성경은 요셉의 소년 시절을 소개하며 그의 꿈 이야기를 기록하고 있습니다(37:5-11). 이 꿈은 결국 요셉의 전 인생에 지대한 영향을 주었을 뿐만 아니라 이로 인해 이스라엘 백성들의 미래가 좌우되기도 했습니다. 그렇다면 이런 꿈 이야기를 현대에는 어떻게 받아들여야 할까요? 물론 구약에서의 꿈은 종종 하나님의 뜻을 전달하는 계시의 수단으로 사용되었습니다(20:3, 28:12, 31:11-13). 따라서 요셉의 꿈 역시 이미 하나님께서 아브라함에게 약속하신 말씀(15:13)을 기억하시고 그 말씀을 이루시고자 준비하시는 과정의 한 부분이었음을 알 수 있습니다.

그래서 이 꿈은 단순히 철없는 어린 소년 요셉의 꿈이 아니라 이제 후로 하나님께서 이루실 하나님의 계획을 담고 있는 하나님의 꿈이었습니다. 그렇기에 하나님의 구원의 계시가 예수 그리스도를 통하여 완성된 오늘날은 꿈에 결코 어떤 특별한 계시적인 가치가 없다는 것을 알아야 합니다.

노예가 과연 가정 총무가 될 수 있었을까?

요셉의 애굽 생활은 너무도 파격적이라는 인상을 받습니다. 요셉은 당시 애굽 왕 바로의 최측근인 보디발의 가정에 총무가 되었습니다. 이방 노예의 신분으로 과연 이런 일이 가능했을까요? 당시의 노예는 주인의 소유물로 취급이 되었을 뿐만 아니라 어떤 소유권도 인정되지 않는 신분이었습니다. 그런데 여기서 주목하게 되는 것은 요셉으로 인해 그 주인이 크게 형통하고 번성케 되었다는 사실입니다. "그 주인이 여호와께서 그와 함께 하심을 보며 또 여호와께서 그의 범사에 형통케 하심을 보았더라(3)" 보디발은 요셉의 행동을 보고 그 너머에 계시는 하나님을 보았습니다. 보디발이 요셉의 뒤에 계시는 하나님을 보니 요셉의 신분은 별 의미가 없게 되었고, 자기 소유의 모든 것을 맡길 만했던 것입니다.

19
요셉과 동행하신 하나님

창세기 41:1-45:28(45:5)

"당신들이 나를 이곳에 팔았다고 해서 근심하지 마소서
한탄하지 마소서 하나님이 생명을 구원하시려고
나를 당신들보다 먼저 보내셨나이다"

시작하는 이야기

　인간적으로 볼 때 요셉처럼 불행한 삶을 산 사람도 없습니다. 형들에게 미움을 받아 애굽의 노예로 팔려갔고, 애굽에 가서도 억울하게 모함을 받아 감옥에 갇히는 신세가 되었습니다. 하지만 연단의 기간을 믿음으로 잘 이겨낸 사람은 때가 되면 반드시 쓰임 받게 되어 있습니다.

　오직 하나님만 바라보는 훈련을 받았던 요셉은 드디어 바로의 꿈을 해석해 줌으로써 전격적으로 총리로 발탁이 되고(41장), 풍년이 지난 후 흉년의 기간이 되자 곡식을 구하러 온 형들과 대면하게 됩니다(42장). 요셉은 형들이 하나님 앞에서 큰 죄인임을 깨닫게 만든 뒤에(43-44장), 회개하는 형들 앞에서 자신의 신분을 드러내고 형들을 용서하며 지난 모든 과정이 하나님의 섭리였음을 고백하게 됩니다(45장).

　진정한 관계의 회복은 죄와의 결별에서 시작됩니다. 오늘 말씀을 공부하면서 죄를 반드시 드러내시는 하나님을 발견하고, 형들을 진정으로 사랑하는 요셉의 모습을 배울 수 있습니다.

1 요셉이 어떻게 해서 바로 앞에 서게 되었습니까(41:1-13)? 그때 요셉의
   자세는 어떠합니까(14-16)? 바로가 꾼 꿈의 내용은 무엇입니까(17-24)?

2 바로의 꿈에 대한 요셉의 해석과 제안은 무엇입니까(25-32, 33-36)?
   요셉은 이 기회를 잘 이용하면 자유인이 될 수도 있었을 텐데 하나님의
   절대 주권을 증거한 이유가 무엇일까요(16, 25, 28, 32)?

3 요셉은 어떤 점에서 바로에게 인정받았습니까(37-45)? 요셉은 애굽의 총리 직분을 어떻게 감당합니까(41:46-57, 47:13-26)?

4 요셉이 총리가 된 때의 나이는 30세였습니다(46-49). 그는 누구와 결혼했으며 아들들의 이름을 무엇이라고 지었습니까(50-52)? 아들들의 이름에서 요셉의 마음과 신앙에 대해서 어떤 짐작을 할 수 있습니까?

5 가나안 땅에도 기근이 임해 요셉의 형들이 애굽으로 식량을 구하러 가게 되었습니다(42:1-5). 자기에게 절하는 형들을 알아본 요셉은 소년 시절에 꾼 꿈을 생각하며 그들을 정탐꾼으로 몰아세워 삼일을 가둡니다(6-17). 요셉이 그들에게서 보고 싶어 한 것은 무엇이며(16), 무엇을 요구했습니까(15)? 왜 그랬을까요?

6 요셉은 형들을 회개시키는 것이 형들을 가장 잘 돕는 일이라고 믿었습니다. 이 과정에서 형들이 깨닫게 된 것은 무엇입니까(18-22)? 요셉의 실제 마음은 어떠했습니까(23-25)? 여기서 하나님께서 신자들을 훈련시키는 방법에 대해서 무엇을 배울 수 있습니까(히 12:6, 11, 렘 31:18-19)?

7 요셉의 형들은 곡식과 함께 돈이 그대로 있는 것을 보고 두려워 떨게 되고(26-28), 야곱은 아들들에게 지난 일들을 소상히 듣지만, 시므온이 없어지고 곡식 속에 돈이 그대로 있는 것을 보고 큰 충격과 슬픔에 빠지게 됩니다(29-38). 요셉의 형들이 애굽에 다시 가야 할 때 왜 가기가 힘들었습니까(43:1-7, 44:27-29)? 야곱이 결단할 수 있도록 유다가 어떻게 설득시켰습니까(8-10)? 야곱의 결단에 담긴 의미는 무엇입니까?

8 결국 야곱의 결단으로 요셉의 형들은 베냐민을 데리고 애굽에 다시 가게 되었습니다(14). 요셉 앞에 선 형들의 자세가 어떠했으며(16-28), 베냐민을 만난 요셉의 심정이 어떠했습니까(29-34)?

9 요셉은 다시 어떤 일을 꾸밉니다. 그 일의 목적이 무엇입니까(44:1-17)?
   이때 자신을 희생한 사람은 누구입니까(18-34)?

10 형들이 진실로 회개했다는 구체적인 증거를 본 요셉은 형들을 어떻게
   영접하고 용서했으며(1-15), 요셉이 형들을 용서할 수 있었던 비결은
   무엇이었습니까(45:5, 7-8)?

 삶의 자리

1 요셉이 반가움과 아픔을 감수하면서까지 형들을 궁지로 몬 이유는 이스라엘 공동체가 하나 되게 하기 위함이었습니다. 당신이 속한 신앙 공동체가 하나가 되기 위해서 당신이 감수해야 할 희생은 무엇입니까?

2 회개하는 형들을 용서하며 자신의 과거의 아픔을 하나님의 섭리로 바라보는 요셉의 신앙에 대하여 말해보세요.

삶의 자리 +
내가 회개해야 하는 일과 용서해야하는 일을 돌아보고 기도하기 요셉은 단순히 꿈만 잘 해석해서 성공한 것이 아닙니다. 요셉은 탁월한 지도자였습니다. 요셉은 바로의 친위 대장 보디발의 집에서 언어와 궁중 예절을 배우고, 가정 총무로서 경영의 원리를 터득한 뒤에 곧이어 감옥에서는 정치범들을 도우면서 애굽의 정치를 배워 현재 애굽 정부의 취약점과 강화해야 할 점들을 파악하게 되었습니다. 즉, 하나님께서는 요셉을 최고지도자 과정 코스로 훈련시키고 계셨던 것입니다. 요셉이 단순히 꿈만 잘해석했다면 오래가지 않아 그는 정적들에게 제거되고 말았을 것입니다. 요셉의 탁월함은 경제적 공황 상태(기근 시기)에서 빛을 발하게 됩니다. 가장 먼저 모든 화폐들을 거둬들여 중앙에서 경제 통제가 가능하게 만들었습니다(13-14). 이어 모든 가축을 사들이게 되는데, 여기서 특히 중요한 것은 '말'입니다. 말은 군사력을 상징하는데 결국 기근 시기를 기점으로 애굽이 세계 강국으로 발돋움하게 됩니다(15-19). 또한 토지까지 바로 왕의 소유가 됨으로써 요셉은 토지와 종자를 백성들에게 제공하고 오분의 일의 세금을 거둬들이는 조세 제도를 확립하게 되었습니다(20-26). 이런 과정을 통해 애굽은 중앙집권제를 구축하고 주변국에 강력한 영향력을 끼치게 됩니다. 그리하여 요셉의 이런 업적들 앞에서 어느 누구도 그 리더십에 반기를 들 수 없게 되었고 이스라엘 백성들은 요셉을 알지 못하는 왕이 나타날 때까지 보호받을 수 있었습니다.

20

야곱과 요셉의 소망

창세기 46:1-50:26(50:25)

"요셉이 또 이스라엘 자손에게 맹세시켜 이르기를
하나님이 반드시 당신들을 돌보시리니 당신들은 여기서
내 해골을 메고 올라가겠다 하라 하였더라"

시작하는 이야기 ─────

창세기의 긴 여정이 드디어 끝나가고 있습니다. 사람은 죽음에 직면하게
될 때 비로소 진실해집니다. 그래서 유언은 소중하게 여겨집니다. 야곱과
요셉의 마지막 모습은 우리의 인생 끝자락에서 무엇이 진정으로 소중한
것인지 깨닫게 해줍니다.

요셉의 초청을 받아 가족과 함께 애굽으로 간 야곱은 바로 앞에서 조금
도 위축됨 없이 영적 거장답게 담대한 모습으로 그를 마주합니다(46-47
장). 노년의 야곱은 요셉의 두 아들을 축복하고(48장), 이어 자기 아들들
에게도 축복하며 인생의 마지막 소망을 고백합니다(49장). 요셉은 아버지
의 유언대로 시신을 가나안 땅에 매장하고, 자신 또한 훗날 약속의 땅에
묻어 달라고 유언을 남기며 생을 마감합니다(50장).

창세기의 마지막을 공부하면서 아브라함을 통해 시작된 구원역사의 진
행을 살펴보고, 하나님 나라를 향한 야곱과 요셉의 소망을 배울 수 있기
를 바랍니다.

말씀의 자리

1 야곱은 총리가 된 요셉의 초청에 의해 애굽에 가게 됩니다. 이때 하나님께서는 야곱에게 어떤 약속을 해주십니까(46:1-4)?

2 5-27절은 야곱의 가족 칠십 명이 애굽으로 이주하는 내용입니다. 야곱을 맞이하는 요셉의 기쁨이 어떠했으며(28-31), 요셉은 그들을 어디에 거하게 합니까(32-34)?

3 야곱이 바로 앞에 서게 되는 과정을 말해보세요(47:1-7). 야곱은 자신의 인생을 어떻게 고백하고 있습니까(8-10)? 야곱이 하나님을 복으로 인정하기 전까지 추구했던 것들은 무엇이었습니까?

4 48장은 야곱이 요셉의 아들들에게 축복하는 내용입니다. 요셉의 두 아들이 어떤 반열에 오르게 됩니까(48:1-7)? 축복의 내용은 무엇이며 특이한 점은 무엇입니까(8-22)?

5 49장은 야곱이 자기 아들들을 축복하는 내용입니다(49:1-28). 축복의 근거는 무엇입니까(28)? 그중에 특히 유다에게는 어떤 축복을 해줍니 까(8-12)?

6 야곱의 유언은 무엇입니까(29-33, 히 11:15-16)? 야곱의 장례 준비가 어떻게 이루어집니까(50:1-11)? 요셉은 야곱을 어디에 묻었습니까(12-14)?

7 이 일 후 요셉의 형들은 어떤 두려움에 빠집니까(15-18)? 죄를 용서받고도 참 자유를 누리지 못하는 이유가 어디에 있다고 봅니까? 두려워하는 형들을 향하여 요셉은 무슨 말로 위로합니까(19-21)?

8 요셉은 몇 세까지 살았으며(22), 그의 소원이 무엇이었습니까(25)? 창세기의 마지막 절은 무슨 말씀으로 끝을 맺고 있습니까(26)?

9 꿈의 사람 요셉의 진정한 꿈은 애굽에서 성공하는 것이 아닌, 약속의 땅인 하나님 나라로 돌아가는 것이었습니다. 그럼에도 정작 자신은 죽음 직후 약속에 땅에 묻히기보다는 하나님의 약속(15:13, 48:21)을 믿고 나중을 기약했습니다. 그 이유가 무엇일까요?

 삶의 자리

1 요셉의 꿈은 이 땅에서의 성공이 아닌, 하나님의 약속의 땅으로 돌아가
   는 것이었습니다. 그렇다면 지금 당신의 최고 관심사는 무엇입니까? 당
   신의 꿈의 뿌리는 하나님 나라와 이 땅 중 어디에 속해 있습니까?

2 요셉과 동행하시는 하나님은 어떤 분이십니까? 당신에게 하나님은 어
   떤 분이십니까?

3 창세기 공부를 마치는 소감을 말해주세요.

삶의 자리 +
창세기 전체를 돌아보며 '나를 만나주신 하나님'에 대하여 소감 쓰기

야곱은 그의 죽음을 앞두고 아들들을 불러 그들 각 사람의 분량대로 축복했습니다(49:28). 그 내용은 49장에 잘 기록되어 있습니다. 그런데 궁금한 것은 이 축복이 과연 축복하는 대로 성취되느냐는 것입니다. 이 답을 얻기 위해 우선 알아야 할 것은 야곱의 축복 내용은 기원이자 기도라는 사실입니다. 자신이 그렇게 하도록 하겠다거나 그렇게 만들겠다는 것이 아니라, 그렇게 되기를 바란다는 것입니다(9:26-27). 히브리어에서 축복이라는 단어는 '하나님의 복이 임하기를 기원한다'라는 의미입니다. 그러니까 사람의 위치에서 복을 기원할 수는 있지만 정작 그 실행의 주체는 하나님이신 것입니다. 따라서 야곱이 지금 그 아들들에게 축복한 내용은 알고 보면 하나님께서 이제 곧 열두 지파를 통하여 이루실 일들을 미리 야곱의 기도를 통하여 계시하고 계신 것입니다. 그렇기에 49장에 기록된 축복의 내용은 한 개인의 미래에 관한 것이 아니며, 오직 하나님이 작정하신 구속사적 관점에서 이해하고 해석해야 합니다.

MEMO